爆笑知识漫画

什么工作有意思

1 勇敢的心

绘时光 著绘

甘肃文化出版社

甘肃·兰州

图书在版编目（CIP）数据

什么工作有意思. 1，勇敢的心 / 绘时光著绘. -- 兰州 : 甘肃文化出版社，2024.5
（爆笑知识漫画）
ISBN 978-7-5490-2908-2

Ⅰ. ①什… Ⅱ. ①绘… Ⅲ. ①职业－儿童读物 Ⅳ. ①C913.2-49

中国国家版本馆CIP数据核字(2024)第028394号

爆笑知识漫画　什么工作有意思

BAOXIAO ZHISHI MANHUA SHENME GONGZUO YOUYISI

绘时光 | 著绘

责任编辑 | 周桂珍
装帧设计 | 姿　兰
特约主编 | 孙　悦　张凤桐
发行支持 | 邓　菲

出版发行 | 甘肃文化出版社
网　　址 | http://www.gswenhua.cn
投稿邮箱 | gswenhuapress@163.com
地　　址 | 兰州市城关区曹家巷1号 | 730030（邮编）

营销中心 | 贾　莉　王　俊
电　　话 | 0931-2131306

印　　刷 | 永清县晔盛亚胶印有限公司
开　　本 | 710毫米×1000毫米　1/16
字　　数 | 318千
印　　张 | 26.5
版　　次 | 2024年5月第1版
印　　次 | 2024年5月第1次
书　　号 | ISBN 978-7-5490-2908-2
定　　价 | 135.00元（全十册）

目录

安全准时完成每一次船舶驾驶任务

不放过每一个细节，利用医学手段真实地还原案件

准时安全地完成每一次飞行

严格遵守法律，代表国家对犯罪案件进行侦查、公诉

维护交通秩序，处理交通事故，让交通变得井然有序

打败火力强大的
犯罪分子，保护
大家的安全

处理各种突发事件，维护社会
稳定，保护人民的生命安全

抢救各种灾害，参加救护
工作，为人民服务，保障
所有人的安全

侦破刑事案件，
将罪犯绳之以法

船长

安全准时完成每一次船舶驾驶任务

工作场所

船上

使用工具

六分仪、电罗经、测深仪、电子海图、雷达、风速仪、短波电台、卫星电话等

工作内容

负责船只的安全运营，协调全体船员的工作

基本素质

具备丰富的航海经验，出色的注意力、反应能力、抗压能力、耐力、体力

就业 船务公司、海事局等单位或企业

怎么成为船长？

想要成为船长，首先要读船舶驾驶专业或航海专业，学习专业知识，然后通过考试成为船员，之后需要通过积累工作经验和考试，一级一级升级为船长。

船长这份职业有意思

货运船、客轮、潜水艇和军舰上都有船长。不仅船有区别，船长的身份也有区别。

船长分好多种，可以是一种职业，可以是一种职务。你想想，我国开军舰的可能是普通人吗？这些船长都属于中国海军，都有军衔。而开渔船、客轮的船长大多是一种职业。

船长一定是船的主人吗？不一定，船长可能是船的主人，也可能是船主雇来当船长的，或者是船主把船借给船长开。

船长也不都是一开始就当船长的，船长必须通过专门的考试，由相应的国家机关颁发证书。在我国，包括船长在内的所有船员证书均由中国海事局颁发，分为甲、乙、丙、丁四类，分别为远洋、近洋、沿海和内河船长。每一个船长最开始也是实习生，然后当水手、三副、二副、大副，一步步学习，最终才能晋升为船长。

你可能不知道，在船发生事故时，如果决定弃船，船长必须坚持到最后一刻，这是约定俗成的纪律。船长要在危难时刻尽力帮助所有人摆脱危险。弃船时也要收集好航海日志、轮机日志、国旗等重要文件和物品，这也是船长应尽的义务和责任。

船长作为船上最高领导，工作内容可不是喊“扬帆了”，然后站在甲板上眺望海面。船长可忙着呢！

完成航海任务是船长的首要任务。船长作为船只航行时的负责人必须遵守航行路线，除非因事变或不可抗力，不得变更航线；航行中在船指挥，船长不得擅离职守；到达目的港后，要及时报请检验船舶。

管理指挥船舶是船长最主要的工作内容。航行中，船长要督促船舶各部门认真落实航次计划，做好消防等演习工作，积极应对各种检查，积极防御海盗。停泊期间，要布置好值班等注意事项。船舶检修时，认真审核各种修理计划等。船出海后往往要在海面上航行很久，肯定会出现不少问题，船长除了管理指挥船舶，还必须防止犯罪，维护船舶的安全。

船上人员复杂，违法犯罪分子要到岸上惩治，船航行那么久，没人管治安可不行，作为船上的“老大”，这个任务自然落在船长头上，他要严厉禁止船上的违法犯罪行为。

法医

不放过每一个细节，利用医学手段真实地还原案件

工作场所
死亡现场，鉴定室

使用工具
检测试剂、工具及设备

工作内容
犯罪案件的相关医学鉴定工作

基本素质
扎实的医学知识、鉴定知识及能力，勇敢，具备优秀的分析能力、鉴别能力、推理能力

就业 全国各级公安部门、检察院、司法机关、鉴定机构、医院等

怎么成为法医?

想要成功当上法医，首先要身心强大，能在恶劣的工作环境下，镇定面对各种血腥场面。其次要品行良好且耐心细致。当然还要有法医鉴定资格证，才能打开通往法医的大门。

法医这份职业有意思

作为一名法医，需要“十八般武艺”样样精通：临床鉴定、司法鉴定、精神鉴定、物证鉴定、毒物鉴定和病理鉴定样样都行！每一项鉴定都包含许许多多的知识。

南宋著名的法医宋慈，编写了我国最早的法医著作——《洗冤集录》。

现代法医要处理的案子也非常离奇，法医们会根据被害人身上的伤口、现场发现的毛发，甚至是普通人认为毫不相关的一些物件，来读取普通人无法获得的信息，从而为侦破案件立下汗马功劳。

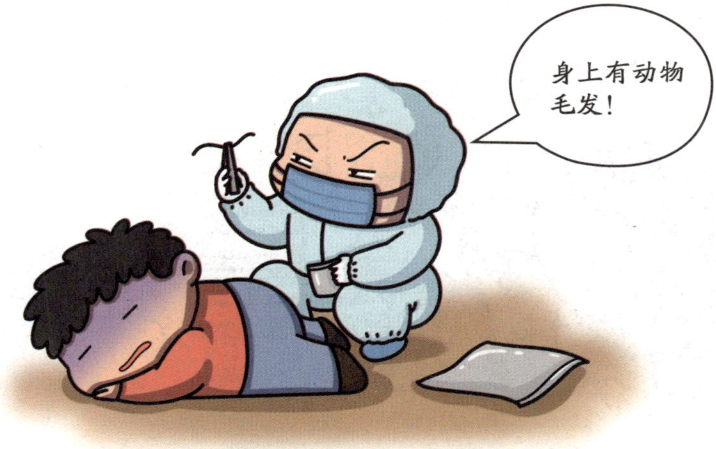

法医可不是人人都能当的，要付出很多的努力。

法医要学许多学科，像基础医学、临床医学、法学、生命伦理学、医学伦理学，甚至还要学犯罪心理学。

法医还得是勇士，他们在工作的时候，会跟各种毒物打交道，有时还可能遭到犯罪分子的威胁，因此，他们既需要精通专业知识，又要有强健体魄，懂得如何保护自己。

飞行员

准时安全地完成每一次飞行

工作场所
机场、飞机上

使用工具
自动定向仪、航空卫星定位器、无线电对讲机、飞行记录簿等

工作内容
驾驶飞机

基本素质
较强的身体素质，能够适应高空作业，情绪稳定，有责任心，具备出色的抗压能力

就业 航空公司等

怎么成为飞行员?

要成为一名飞行员，首先要考入飞行学院，毕业后要经过两个月以上的训练，然后通过考核，逐步升级，从第二副驾驶成为第一副驾驶，再成为正驾驶，最后成为机长。

飞行员这份职业有意思

飞行员都是空军吗？不，海军有海军航空兵，空军有空军航空兵，陆军有陆军航空兵，有些武警单位也有自己的飞行员，当然还有民用飞机的飞行员。

从学员到飞行员，不管年龄多大，不管驾驶什么类型的飞机，都需要考试。

飞行员要上哪些文化课呢？他们要学航空理论，主要包括飞行力学、空气动力学、空中领航学、飞机动力装置以及飞机构造，等等。

除了文化课，飞行员当然还要进行非常严格的体能训练，包括1500米、3000米、5000米、10000米跑步，引体向上训练，以及固定滚轮训练，等等。

在军事化管理下，飞行员不论是在工作中还是在生活中，对他们的要求都非常严格，比如，必须将被子叠放整齐、穿统一制服，这也促成了他们做事都很有耐心，心理调节能力很强。

飞行员都不怕高吗？不，飞行员只是心理素质好，并不是不怕高，在飞机里，他们会有一种脚踏实地的感觉，这直接减小了他们对高度的恐惧。

飞行员的方向感是真的好，你想啊，在天上都能辨别出东南西北的人，能不好吗？

检察官

严格遵守法律，代表国家对犯罪案件进行侦查、公诉

工作场所

检察院

使用工具

卷宗、物证、录音笔、电脑等

工作内容

搜集证据，指控罪犯

基本素质

具备扎实的法律知识、强烈的正义感、优秀的洞察力和表达能力

就业 检察院

怎么成为检察官？

怎样才能成为一名检察官呢？首先，你必须有中国国籍，是个爱国守法、德智体美劳全面发展的中国公民。其次，你至少需要是法学类本科学历并获得相应学位，或非法律专业毕业但有丰富的法律知识和经验，且已从事法律工作满五年。当然，如果获得了硕士、博士学位，条件也会适当放宽。

检察官这份职业有意思

小朋友们，你们知道检察官是干什么的吗？通俗地讲，检察官是依法行使国家检察权的检察人员。“检察官”是一个统称，也就是说，很多部门里面都有检察官，比如最高人民检察院、地方各级人民检察院以及军事检察院里面的检察长、副检察长、检查委员会委员、检查员和助理检察员，他们都叫检察官。

检察官实行单独职务序列管理，共设有四等十二级，其中最高人民检察院检察长为首席大检察官，其余三等二至十二级检察官分别为一级、二级大检察官，一级、二级、三级、四级高级检察官，一级、二级、三级、四级、五级检察官。

检察官是为人民服务的，必须时刻受到人民的监督。

你可能会有疑惑，检察官是干什么的？听起来，好像和律师差不多啊，但其实是不一样的。先说说检察官具体的工作内容。要知道在不同的部门，检察官的分工是不同的。在侦查监督部门，他们主要负责对公安机关的侦查活动进行法律监督、审查，做出是否对犯罪嫌疑人实施逮捕的决定；在反渎职侵权局、反贪污贿赂局，他们主要负责对职务犯罪的侦查；而在公诉部门，他们负责对刑事案件决定是否提起公诉，并出席法庭，指控犯罪，对法院的判决决定是否抗诉。

我们来看看检察官和律师有什么不同。第一，检察官全部是公务员，而律师有一部分不属于公务员；第二，想诉讼要委托律师，不是委托检察官；第三，律师的职责是维护和保护当事人权益，而检察官主要是指控犯罪。

交通警察

维护交通秩序，处理交通事故，让交通变得井然有序

工作场所

交警大队、车管所、交通道路

使用工具

停车牌、乙醇检测仪、多功能指挥棒、执法记录仪、肩灯

工作内容

维护交通秩序、勘查交通事故、查纠交通违法行为

基本素质

熟知交通规范和法规，具备敏锐的洞察力和很强的应变能力，能吃苦，有耐力

就业 交警大队

怎么成为交通警察？

考警察院校，或参加公务员考试，或参加社会招警等。

交通警察这份职业有意思

交警是交通警察的简称，他们只要在拥堵的道路上一站，手一挥，拥堵的道路就能马上变得秩序井然，所有的车辆都能找到自己要去的方向。

交警的岗位也有分类，有基层秩序管理、事故勘查、宣传教育、高速路段管理以及车辆驾驶管理等。只有每个岗位分工明确，交通管理工作才能顺利进行。

交警除了管理交通秩序、勘查交通事故和查纠交通违法行为之外，还负责机动车辆的安全检验、发放牌证和驾驶员考核证、道路交通的管理科研，以及规划道路交通和安全设施，等等。

交警也有原则，对于违反交通规则的人是不会手下留情的。交警忠于职守、依法执法。不遵守交通规则的人，以为贿赂交警就能不受处罚，那你可真是太小瞧交警了。交警铁面无私，无论谁违反道路交通安全法，都跑不掉！

交警的工作可不简单，他们有“独门绝技”！想让车停下来，交警们便会左臂向前上方直伸，掌心向前。

想让车靠边停，交警们需要左臂由前向上直伸，右臂向前下方平伸，掌心向左并向左边水平摆动。

想让车左转弯，交警们需要右臂向前平伸，掌心向前，左臂与手掌平直向右前方摆动，掌心向右；反过来就是右转。

交警维护着交通秩序和道路安全，不论风吹日晒雨淋，只要哪里的道路需要疏通，哪里有交通事故发生，他们都会第一时间赶到现场，用超高的执行力和判断力解决问题。这样的交警，你愿意叫他们一声道路守护神吗？

特种警察

打败火力强大的犯罪分子，保护大家的安全

工作场所

犯罪现场等需要执行任务的地方

使用工具

战术背心、冲锋枪、狙击枪、霰弹枪、拐弯枪、防弹衣、防弹头盔、催泪弹、闪光弹等

工作内容

反恐以及对抗火力强大的犯罪分子

基本素质

作战能力，对抗能力，智慧，勇敢，超强体力

就业 公安部门

怎么成为特种警察？

从公安民警内部进行选拔；考入公安院校，完成考核被招录；从各部队选拔；退役士兵自愿通过选拔。这些都是成为特种警察的方法。

特种警察这份职业有意思

除暴安良

特种警察，简称“特警”，是一个超级厉害的作战单位！

他们的看家本领就是反恐以及对抗火力强大的犯罪分子，在危急关头，这些特警总是能对犯罪分子实施精准打击，并且圆满完成任务，厉害吧！

让人意外的是，这么强大的组织，竟然隶属于非军事部门。原来它是警方的一个“杀手锏”，平时接受的就是军事化或者半军事化训练。较强的作战能力能让那些违法犯罪分子闻风丧胆，不敢再犯罪。

中国特警包括公安特警、武警特战（勤）部队、中国国家级反恐特种部队等，这些特警队都很厉害！

特警们常见的装备有战术背心、冲锋枪、狙击枪、霰弹枪、拐弯枪、防弹衣、防弹头盔、催泪弹、闪光弹等。

特警执行任务时，需要发挥他们的聪明才智！每次执行任务之前，特警一般都会根据任务情况进行编组。

首先是攻击组，攻击组是负责对匪徒进行火力打击的关键点，他们配合默契，动作干净利落，争取迅速地制服匪徒！

其次还有心细如尘的狙击组，他们枪法如神，监视着整个现场环境，同时还能运用手中的武器限制犯罪分子的活动空间，像一个360°无死角的超级摄像头一样，哦不，是一个端着狙击枪的超级摄像头！

最后还有合作无间的封锁组，他们配合队友把罪犯一网打尽。

武警

处理各种突发事件，维护社会稳定，保护人民的生命安全

工作场所
哪里需要就到哪里

使用工具
催泪瓦斯、闪光弹、烟雾弹、各种枪支

工作内容
执勤、防卫作战、反恐、抢险救援等

基本素质
身强体壮，受过专业训练，行动机敏，英勇无畏

就业 武警部队

怎么成为武警？

考取武警院校，或者学历、年龄等满足征兵条件，入伍后选择兵种。

武警这份职业有意思

提到武警，会不会让你脑海中浮现出一群舞枪弄棒、武艺高超的人呢？其实武警的“武”是武装的意思，武警的全称是“武装警察部队”。武警主要分为内卫总队、机动总队、海警总队三大部分，另外包含院校和科研机构、特殊部队等少数兵力。

内卫总队受武警总部的直接领导和管理。他们的首要任务就是维护国家安全和社会稳定，保障人民安居乐业。

内卫总队还承担执勤、处理突发情况、反恐、抢险救援，以及防卫作战等任务。

在洪水、泥石流、地震等自然灾害发生时，内卫总队冲在最前面抢险救灾。

扫毒打黑时，你也能看到他们执行任务时矫健的身影，像猎豹一样！

值得一提的是，他们和驻扎在边疆的解放军部队一起守护着祖国边疆的安全，是我国主要的两种边防军之一。

机动总队主要担负重大活动和重要会议安保，负责处置大规模突发事件，如暴乱、骚乱、武装暴动、大规模械斗事件等，执行反劫机任务，战时协助解放军进行防卫作战。

武警部队海警总队主要负责近海安全，处理近海治安、刑事等案件，打击走私、偷渡、贩毒等海上违法犯罪活动。

武警部队能文能武。其中又帅又能打的是武警的三大部队：内卫部队、海警总队和机动总队；那能文的又是谁呢？其实武警部队还包括这么一小部分特殊队伍，比如相貌英俊、帅气威武、体魄强健的国宾护卫队和武警仪仗队，还有活跃在国外和首都舞台的武警军乐团，以及作品广为流传的文工团和歌舞团。

消防员

抢救各种灾害，参加救护工作，为人民服务，保障所有人的安全

工作场所

火灾现场或其他需要救援的地方

使用工具

消防车、耐火救生绳、各类防护服、安全头盔、护目镜等

工作内容

消灭火灾，其他救援工作

基本素质

具备良好的体能、技能和心理素质

就业 消防队

怎么成为消防员？

想当消防员，要有力量、耐力、灵敏和柔韧性等身体素质；专业技能必须是过硬的；要经受严格的体格检查和心理测试，所有检查项目都必须合格。这些条件都具备了，才能当上消防员。

消防员这份职业有意思

虽说三百六十行，行行出状元，但有一个职业，救火救人，需要你样样都会！那就是消防员。

谁家小孩的头被卡住了出不来，找消防员。

马路井盖坏了，行人不慎坠落有生命危险，找消防员。

某小区发现毒蛇了，还是找消防员。你说，他们是不是当之无愧的全能型人才？

想做一名合格的消防员，必须先将条令纪律背得滚瓜烂熟，然后就是体能训练，长跑、短跑、爬绳、登楼、负重……这些功课及格哪够，必须是优秀。接下来，还要深入学习器材排故、特种器材使用，等等。除此之外，还会有各种技能训练。

消防员对警铃的反应速度极快，只要铃声一响，无论是在睡觉、洗澡，还是在看书、吃饭，他们都会立刻行动起来，奔赴火场。真是太令人敬佩了！

插播：直击现场！红战车，橙黄衣，逆风前行

“滴嘟滴嘟滴嘟——”一辆辆红色的消防车出发啦！

消防车最厉害的高压水枪能喷20层楼那么高！厉害吧！

快看，一个个戴着安全头盔、身穿橙黄色消防战斗服的消防队员，正稳步前进，扑进火场救人！

他们的灭火防护服采用4层结构，有可以降低躯体温度的隔热层。他们架起云梯车，用最快的速度将屋内的受困人员救出。有了云梯，消防员们个个成了飞檐走壁的大侠！

除了专业消防队以外，我们的身边还有一些义务消防队。专业消防队一般分为指挥组、通信组、警戒组、设备组、灭火组和救援组等。其中，指挥组负责指挥救火抢险；通信组和警戒组负责通报火情和疏散群众；设备组负责运输救火设备；灭火组负责灭火；当120未赶来时，救援组负责进行简单抢救。

刑警

侦破刑事案件，将罪犯绳之以法

工作场所
刑警大队，案发现场

使用工具
警枪、警棍、防弹衣等

工作内容
进行刑事侦查工作，分析、研究案件的犯罪情况，组织协调侦破刑事案件等

基本素质
具备专业的侦查能力和逻辑推理能力，还要有出色的反应能力，以及良好的体能和心理素质

就业 刑警大队

怎么成为刑警？

首先，要通过公安专业知识考试以及体能、心理素质的考核；其次，还得通过录用主管机关的公共科目考试；最后，要做到对工作认真负责，吃苦耐劳，切记不能马马虎虎、丢三落四。做刑警，思维不仅要灵活跳跃，还要善于逻辑推理。

刑警这份职业有意思

乍一看，是不是觉得刑警是负责行刑的警察呢？误会啦，误会啦！刑警的“刑”指的是刑事案件，那“刑警”自然就是做这方面工作的警察了！

刑警进行刑事侦查工作，所有蛛丝马迹都不能放过，要分析、研究案件的犯罪情况，组织、协调各方侦破刑事案件。小到提取、检验、鉴定案件的痕迹和物证，大到进行本辖区内的禁毒、反黑、反恐和侦查防范经济犯罪工作，以及负责涉外刑事案件。也就是说，刑警像一个全方位侦查雷达！

刑警可以说是无处不在，刑警主要在刑警总队、刑警支队、刑警大队以及各责任区刑警队工作。只要有刑警在，黑恶势力就会望风而逃。

说到这儿，你会不会觉得刑警离日常生活有点远？那就又误会啦！刑警侦查的范围还包括我们平时常听说的盗窃、诈骗、绑架等犯罪案件。维护社会稳定，保障人民的生命、财产安全，这是刑警的使命。

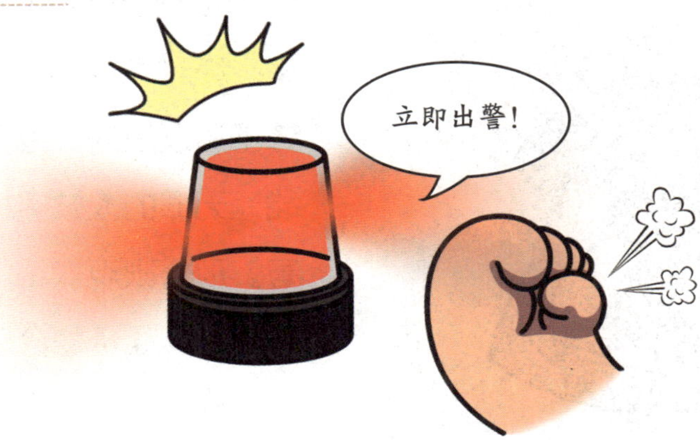

做刑警，东奔西跑，务必要有过硬的身体素质，一有情况，随时出发。

当然，良好的心理素质对于刑警来说更是必不可少，刑警需要面对的是各种各样的犯罪现场，以及各种各样的犯罪分子，因此，刑警需要根据各种各样的线索做出快速的、准确的判断，需要有强大的心理承受力。

做刑警，光有良好的体能和心理素质还远远不够，还得有刑侦知识，这些知识能让你在工作中如鱼得水。

当刑警要伸张正义，绝对不能容忍犯罪分子逍遥法外，也绝不能让无罪的人被冤枉陷害。刑警眼观六路、耳听八方，让犯罪分子无处可藏！

爆笑知识漫画

什么工作有意思

2 艺术与创作

绘时光 著绘

甘肃文化出版社

甘肃·兰州

图书在版编目（CIP）数据

什么工作有意思. 2, 艺术与创作 / 绘时光著绘. --兰州 : 甘肃文化出版社, 2024.5
（爆笑知识漫画）
ISBN 978-7-5490-2908-2

Ⅰ. ①什… Ⅱ. ①绘… Ⅲ. ①职业一儿童读物 Ⅳ. ①C913.2-49

中国国家版本馆CIP数据核字(2024)第028395号

目录

完成高质量的绘画作品

展现产品的优势

将汉字以书法的形式展现，
形成一幅幅艺术品

准确地鉴定出文物的年
代、工艺与真假等

尽可能修复好每一件文物，
让文物重现以往光彩

编排出有特色、引人共鸣、具有一定艺术性的舞蹈，并完成表演

不断提升书法能力，完成具有美感的篆刻印章

作家协会
完成能够吸引读者的优秀文学作品

创作出优美的、引人共鸣的曲子

画家

完成高质量的绘画作品

工作场所
家里、工作室

使用工具
纸、笔、颜料、平板电脑、手绘板等

工作内容
完成画作

基本素质
具备对色彩的敏感度，过人的绘画能力、创造力

就业 自由职业者、画室等

怎么成为画家？

要想成为画家，首先得有过硬的绘画专业水平，掌握更多的绘画技巧，素描、色彩和速写都要足够熟练，以便灵活运用。除此之外，还得有很高的艺术素养以及自己的艺术理念。

画家这份职业有意思

画家包括中国画、油画、水粉画、水彩画、油彩画、漆画等绘画艺术类的创作者。

从古至今，多少名人画家寄情山水，把感受到的人间烟火都融入绘画作品中，画笔一挥，泼洒浓墨，画出聚齐天地灵气的佳作。

画家其实也是思想家。他们在画面上体现一种精神、一种思想。用艺术的手法表现一种有高度的、更深一层的意境或者思想，比如，仅通过一幅画就可以表现画家对于平凡生活的热爱。作品所表达的内涵能够赋予绘画作品更多的价值。

画家的作品何尝不是一种语言呢？他们可以将自己内心的感受用画笔展现在纸上。

中国古老的敦煌艺术成功地吸收了中西方艺术的特点与形式，多种风格并存发展，在运用线描技巧塑造和刻画形象方面、在山水画和装饰图案等方面，都取得了较高的成就，达到古代绘画艺术顶峰。

模特

展现产品的优势

工作场所
摄影棚、舞台上等

使用工具
服装、首饰等

工作内容
穿上时尚的服装来展现产品

基本素质
身高符合要求，气质佳，有镜头感

就业 模特公司

怎么成为模特？

要想成为模特，首先需要先天条件，比如身高、体形、外貌等方面达到一定要求，其次还需要具有一定的镜头感和表现力。

模特这份职业有意思

“模特”这个词来源于英语单词“model（模特）”。模特的工作内容是穿上时尚的服装来展现产品。

模特职业对身高有非常严格的要求，一般来说，女模特大部分身高为172~180厘米，男模特大部分身高为180~190厘米。同时，体形要好看，体态要挺拔。

模特还必须会走路！这里说的走路可不是四处闲溜达，而是要走猫步。猫步也叫“台步”。那么，猫步有什么特点呢？一般可以总结为头不动，双肩平齐，大臂带小臂，腰挺直，小腹收，大腿带小腿，两腿行走不留空隙，腿踢出去后，脚紧接着落地，也就是常说的“前脚落地后脚蹬”。整个身体跟着音乐“1、2、1”，找准节奏。

要想成为一个优秀的模特，需要具有综合素质，包括一定的摄影知识、音乐知识、舞蹈知识、服装设计知识以及舞台灯光知识，等等，多多益善。

模特有好多分类，除了T台模特，还有平面模特、局部模特、大码模特，等等。时尚杂志封面的模特就是平面模特。局部模特就是只展示身体的一部分，比如手、腿或者脚。大码模特稍微特殊一些，人们可能不太了解，大码模特就是穿大码衣服的模特，这些模特的存在说明人类的审美是多元的。

书法家

将汉字以书法的形式展现，形成一幅幅艺术品

工作场所
家里即可

使用工具
笔、墨、纸、砚

工作内容
书写汉字，展现文字的优美

基本素质
具备专业的书法水平和优秀的审美能力

就业 书法培训机构

怎么成为书法家？

既可以考入书法专业进行系统的学习，也可以自学，只有练得一手好字，并有一定成就，才可以成为书法家哦。

书法家这份职业有意思

书法是什么？书法是一种书写文字符号的方式，是中国和受中国文化影响的周边国家和地区所特有的一种表现文字美的艺术形式。可以说，书法能将汉字写成一幅幅艺术品。

书法家是指擅长书写汉字的人，写出来的字赏心悦目。书法家写字看似简单，实际很难。

要成为一个书法家，需要沉下心好好练习。骐骥千里，非一日之功，想成为一个书法家，需要用大量时间去练习。刚开始练什么呢？横、竖、撇、捺、点、折、勾，基本功要先练好。

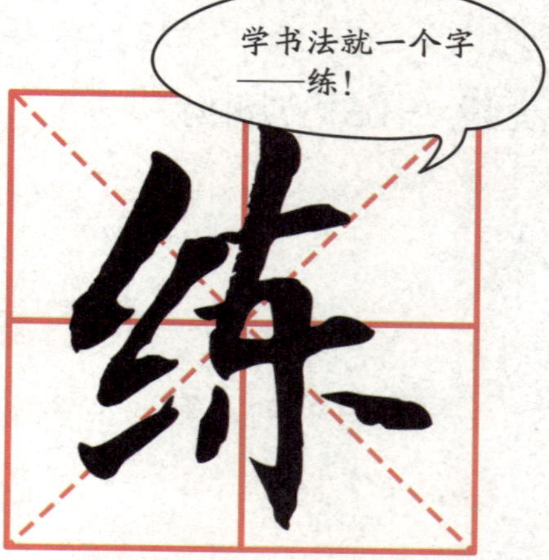

中国的汉字讲究间架结构，也就是每个字的笔画安排要讲究整体美感，这个字属于上下、左右还是半包围结构？不同结构的字写的方法和技巧也不一样，只有多练习，才能掌握字的间架结构。

插播：笔墨纸砚总动员

文物鉴定员

准确地鉴定出文物的年代、工艺与真假等

工作场所
博物馆、拍卖行、工作室及其他进行鉴定的场所

使用工具
带放大镜的台灯、紫外线检查灯、LED 手持放大镜等

工作内容
鉴定文物的年代、真假等

基本素质
具备专业的鉴定技能和知识，深厚的理论积淀，同时还要积累丰富的历史知识、文化知识和绘画知识

就业 博物馆，拍卖行等

怎么成为文物鉴定员？

报考文物鉴定与修复或相关专业，学习系统的专业知识和技能。毕业后通过文物保护工程专业人员资格考试，或考取国家文物鉴定估价师、国家高级文物修复师、国家文物从业人员资格证等证书。

文物鉴定员这份职业有意思

文物鉴定员是做什么的？简单来说，就是鉴定文物的真假。文物鉴定员需要具备多方面的知识。在文物界，有这样一句“至理名言”，文物鉴定员就是文物的“伯乐”，他们能在鱼目混杂的文物当中辨别真伪，一锤定音。

在文物鉴定员的身上，最令人叹服的是他们所具备的广博知识，以及对历史知识、地理知识、现代科学技术知识等信息的熟练运用。

当然更令人敬佩的是鉴定员的职业操守。近年来，去博物馆观看展览成为人们的日常活动之一，但随之而来的是大量赝品层出不穷。此时，就需要文物鉴定员辨别真假，为观众指点迷津，奉上真正的传世之宝。

在文物鉴定员的世界里，也有不同的分类。

有的鉴定员擅长鉴定书画，有的鉴定员擅长鉴定瓷器、陶器，有的鉴定员擅长鉴定珠宝。

想要成为一名真正的、出色的文物鉴定员，除了需要具备专业的技能知识和深厚的理论积淀以外，还需要长年累月在实践中进行摸索，通过大量接触真正的文物，练就一双慧眼、一双妙手。

文物鉴定员除了凭借自己的一身本领闯荡江湖之外，还有一群“小帮手”助力。俗话说“一个好汉三个帮”，文物鉴定员的小帮手个个能力超群。第一类小帮手是囊括上下几千年历史的工具——书，文物鉴定员借助它们，做到了博古通今，知晓中外。

第二类小帮手是传统的器械家族，如镊子、尺子、锤子，更有高科技产品，如带放大镜的台灯、紫外线检查灯、LED 手持放大镜，等等。文物鉴定员在它们的帮助下，如虎添翼，化身为灵活的动手专家。

文物修复师

尽可能修复好每一件文物，让文物重现以往光彩

工作场所

工作室

使用工具

工作台、锥子、敲锤、镊子、毛笔等

工作内容

对破损的文物进行修复

基本素质

掌握一定的历史知识、文化知识、绘画知识、化学知识、物理知识，还要有出色的文物修复能力

就业 博物馆

怎么成为文物修复师？

需要掌握一定的历史、化学、物理等方面的知识；具备一定的绘画能力；需要极强的耐心和毅力，需要工作细致入微。具备以上这些基本条件，才有机会成为一名优秀的文物修复师哦！

文物修复师这份职业有意思

中国作为传承了5000多年文明的古国，留存了数不清的文物瑰宝，数不胜数的玉器、石器、青铜器，琳琅满目的陶瓷、书画、竹木雕…… 数以万计不同时代、不同背景下的文物古迹历经千年保留至今。但是，它们中的许多物件都经受了风吹雨打、战火流离，已不复当年的璀璨荣光。这时，一种特殊的职业就诞生了，他们就是文物修复师。

顾名思义，文物修复师就是对破损的文物进行修复的匠人。这些匠人个个都有一双慧眼、一双巧手。一双慧眼仿佛可以追溯到千年前，看到文物本来的模样；一双巧手可以为文物洗去污浊，穿上新衣。

要想成为一名合格的文物修复师可不简单，你不仅要学习历史、文化、绘画等方面的知识，而且还需要掌握一定的化学、物理等方面的知识，可以说是全能学科代表呀！

除此之外，你还要有非凡的毅力和信念。文物修复工作是一项精细而伟大的事业，一位优秀的文物修复师有时候可能要花费几年乃至十几年的时间才能修复好一件文物。并且，对待这份工作要做到慎之又慎，不能有一点马虎。文物也有生命，而且修复手术只许成功，不许失败，否则，一段隐藏在文物背后的历史也许就会就此消亡。

一群特殊的“医生”

和一些快节奏的工作不同，文物修复师有着属于他们自己的“慢生活”。

文物修复师可以说是一份孤独的职业。每天，修复师面对的不是人和事，而是一群不会说话的“伙伴”，他们拿着小铲子、小钩子，一点一点地探究文物的秘密，想着如何把它们恢复原状。

文物修复师好像一名特殊的“医生”，每一件受损的文物就好像一位“小病人”，有的“小病人”“病情”重，有的“小病人”“病情”轻。“病情”不一样，处理方式当然也不同，以至于“康复”工作的难度存在着天壤之别。

有的“小病人”修复一天可能就能完成，有的“小病人”则需要长时间“住院”。因为，修复师要依据具体情况，为每一位“小病人”量身定做“康复秘方”。

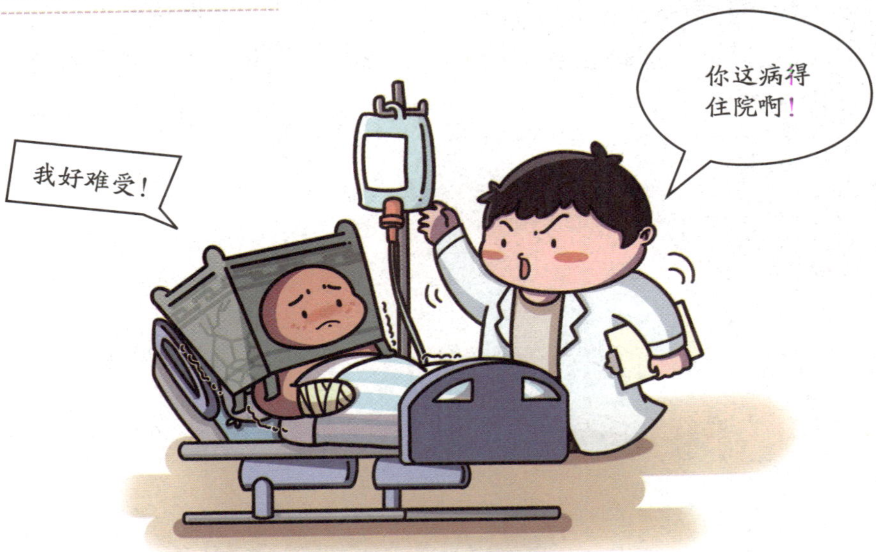

舞蹈家

编排出有特色、引人共鸣、具有一定艺术性的舞蹈，并完成表演

工作场所
训练室、舞台上

使用工具
表演服装、道具等

工作内容
根据音乐编排舞蹈，排练，舞蹈表演

基本素质
具备扎实的舞蹈功底，并且在舞蹈方面有一定成就

怎么成为舞蹈家？

从小学习舞蹈基本功，坚持练习，在舞蹈方面有一定的成就。

舞蹈家这份职业有意思

根据所跳舞蹈类型的不同，舞蹈家被分成了不同类型，比如，古典舞舞蹈家、芭蕾舞舞蹈家、民族舞舞蹈家、现代舞舞蹈家、踢踏舞舞蹈家、爵士舞舞蹈家、拉丁舞舞蹈家、摩登舞舞蹈家……

想要成为舞蹈家，扎实的基本功必不可缺。每天都要压腿、压肩、推脚背、踢腿以及下腰，等等。有人可能会说，这有什么难的？要知道坚持可不是件容易的事情。

除了基本功，还要训练肢体的协调度、软开度等。对于舞蹈家来说，身体的协调性，以及舞蹈动作的美感和动作的收放控制都很重要。

勤奋与毅力，以及对舞蹈事业充满热爱，是舞蹈家必不可缺的品质。舞蹈家可以说是“台上一分钟，台下十年功”。“来来来，收腹，提臀，一大大，二大大，三大大，四大大”，伸腿、立腕、下腰、开胯……这些都是练功房里每天都会重复的事情。

从古至今，舞蹈在仪式、礼仪、庆典和娱乐方面都十分重要。中国在奴隶社会就出现了舞蹈，发展到秦汉时期已形成一定特色。秦汉是中国历史发展的一个重要阶段，由于政治经济的繁荣发展，相继出现了适应当时人们生活需要的乐舞文化、民间舞蹈。国家乐舞机构设立，对后世舞蹈发展产生了深远的影响。

现在，舞蹈家每天有哪些工作呢？

首先，舞蹈家要按照舞蹈编导的设计或舞剧、歌舞剧、音乐剧的剧本，揣摩舞蹈段落或舞剧，参与二度创作，使外在的动作和内在的神韵达到形神兼备的美感。

其次，舞蹈家要在舞蹈编导的传授和指导下，理解伴奏音乐的特定意境和舞台美术的典型环境，通过排练，逐步使舞蹈动作与二者达到水乳交融的地步。

最后，舞蹈家也要注重理论学习的必要性。要熟悉中外舞蹈史，精通一种并熟知其他流派舞蹈表演美学的理论与方法，了解舞蹈动作、鉴赏美学的基本理论与方法，锤炼肢体技术，完善自己的表演技巧。

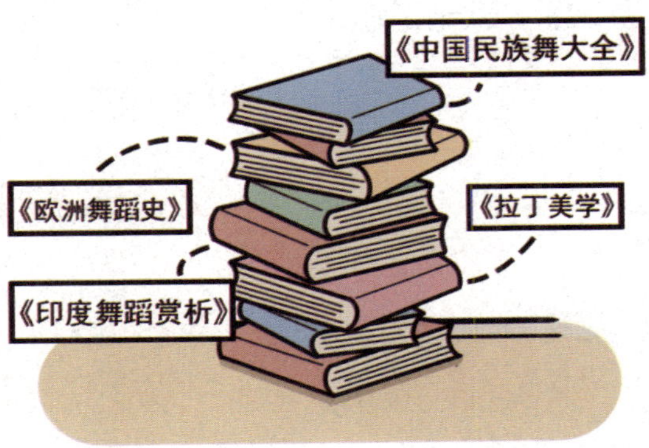

篆刻家

不断提升书法能力，完成具有美感的篆刻印章

工作场所
工作室

使用工具
刻刀、印石、印泥、印床、砂纸、砂轮、墨等

工作内容
通过选材、打磨、雕刻等，完成篆刻印章

基本素质
出色的书法水平、篆刻技能、审美能力

就业　篆刻工作室

怎么成为篆刻家？

篆刻家可不好当。从选材、打磨到写稿、印稿、排字、雕刻，每个环节都考量着篆刻者的书法功底、审美能力和技法深浅。想要成为篆刻家，需要打好基础，一步一个脚印，慢慢成长起来。

篆刻家这份职业有意思

篆刻，简单来说，就是取一块坚硬的物体进行打磨，将文字雕刻在上面，完成后作为印章使用。选材一般有玉、石、金、牙、角等。印章上的汉字多用篆体，字要写得有美感，所以学篆刻前肯定要好好练练书法。

篆刻的历史能一直追溯到殷商时期，大家熟知的甲骨文就是早期的篆刻雏形。篆刻至今已经有三千七百多年的历史，它在发展的过程中形成了系统的理论和技法。

篆刻家既要写一手好字，还要用一把好刀，写字如行云流水，刻字要稳而有力。

篆刻家的篆刻作品被称为印章。印章有什么用呢？在古代，人们没有身份证，要怎么证明你是你呢？这时，印章就出场了。

因为制作烦琐不易，所以古时候的印章是很难复制的。

印章也称为玺、印。秦始皇之前，玺、印都是一种刻上简短身份信息后用来传达命令的凭证。秦始皇之后，皇帝的印章被称为“玺”，其他的被称为“印”。

文人墨客的印主要是表明身份，写的信上印一个，画的画上印一个，看见别人的画不错印一个，表示我看好这画哦！

作家

完成能够吸引读者的优秀文学作品

工作场所
家里即可

使用工具
电脑、纸、笔

工作内容
完成文章或者小说等的创作

基本素质
具备深厚的文学素养、过人的语言运用能力，思维灵活，生活经验丰富

就业 工作室、文化公司等

怎么成为作家？

积累文字创作相关的知识，完成有价值的、吸引人的文学创作，并出版发行。

作家这份职业有意思

广泛地说，作家是以文化创作为业、以写作为主的文学创作工作者，也指文学领域有盛名成就的人。因此，一般能被称为作家的人，其作品大都能够出版发行，长时间流传。作家一词其实很早就出现了，但意思与现在的有些不同。

哪个小书虫在小的时候没有作家梦呢？但是作家可不是那么容易当的，不是想成为就能成为的，要用真心去创作作品。作家的创作不仅不容易，许多作家为了创作出好的作品，还发生了一些啼笑皆非的故事呢。

著名的法国作家雨果在创作期间为了让自己不分心，竟然把自己所有的衣服都藏起来，这样，没有衣服穿的雨果就只能在家里专心创作了。大仲马的创作故事就更让人哭笑不得。据说他在创作《三个火枪手》时，把自己最喜欢的一个神枪手写死了，他居然难过地哭了几个小时。有句话说得好，每个作品中的人物都是作家本人的孩子。

看了这些伟大作家的故事，你是不是也对作家这一职业产生了极大的兴趣？想要创作出优秀的文学作品，就需要事先有大量的阅读，把古今中外优秀的小说烂熟于心，并且结合自己的生活积累、调查研究进行深入的分析和思考，这些都是很重要的！这样说，或许有人还不明白，作家到底是怎么创作的呢？下面就如何创作现实题材小说作品来具体说一说吧！

第一点（也是至关重要的一点），就是确定主题。现实题材小说作品需要反映当代人的生活，如果是时下热度比较高的话题，自然更贴近生活，更接地气，更容易引起共鸣。

第二点，就是确定作品的思想核心。作品的思想核心对于文章的重要性不言而喻，必须明确想要通过文字表达什么、传递什么，让读者感知什么、理解什么。大家想一想，如果连想要表达的观点都没有，那写出的文字可能只是毫无意义的符号。确定思想核心，是为了让文字有着力点，能够透过文字表达出想表达的内容。

第三点，就是进行人物塑造。在文学作品的创作中，人物的塑造很重要，也很有难度。要想作品深入人心，人物塑造必须栩栩如生。

第四点，就是要设置场景和情节。要考虑人物是在什么样的场景中发生怎样的故事，也就是要设置人物故事，设置恰当的场景可以更好地突出人物的特征，更好地塑造角色。

第五点，就是作品的结尾一定要画龙点睛、首尾呼应，这样才会创作出一部完整的作品。

随着时代的发展，一批网络作家应运而生，深受大家的喜爱。网络给热爱写作的人创造了一个很好的平台。那怎么才能成为一名网络作家呢？首先，要确定自己擅长写什么样的作品。然后，制订写作计划，列好提纲后开始写作。等完成一两万字数时，就可以去搜索各大文学论坛和文学网站了。然后选择一个地方投稿等待通过即可。要相信，只要作品好，不怕不能发表，每个有作家梦的人只要努力，终有一天会实现梦想。

作曲家

创作出优美的、引人共鸣的曲子

工作场所
工作室

使用工具
笔、纸、电脑、乐器等

工作内容
创作旋律、节奏或声响

基本素质
掌握专业的乐理知识，具备出色的乐器运用能力、创作能力、作曲能力

就业 音乐公司、乐团等

怎么成为作曲家？

受过专业艺术学校培养，了解音乐和艺术；至少要精通一种乐器；具有创作音乐所需的综合技能以及灵感。

作曲家这份职业有意思

作曲家是旋律的创造者。作曲就是创作旋律、节奏或声响的过程。广义地说，作曲家是指从事音乐创作有成就的人，古典音乐、爵士音乐、流行音乐以及摇滚音乐作曲家都包括在内。音乐的种类和形式正在不断创新与融合。

《中国音乐词典》中对作曲家的解释是，从事器乐、声乐编曲创作及在综合艺术品种（如戏剧、戏曲、电影、电视等）中担任音乐创作的，拥有一定作曲能力、作曲理论和作曲数量的音乐家。

作曲家作曲的载体变得越来越多元化。器乐的发展促进了器乐曲的大量出现。

德国作曲家贝多芬在世界交响音乐界有着极高的地位，他谱写了许多著名的乐曲，其中著名钢琴曲《月光曲》的背后还有一个有趣的故事：当时贝多芬到莱茵河边的小镇旅行，听见一位失明的姑娘弹奏着自己的钢琴曲，贝多芬很感动，就为姑娘即兴演奏了一支曲子，并取名《月光曲》。

中国作曲家冼星海被誉为“人民音乐家”，年轻时曾远赴巴黎学习音乐，回到祖国便投入抗日救国的运动中，创作了慷慨激昂的抗日歌曲——《黄河大合唱》，鼓舞了中国人民抗日救国的士气。

巴赫是德国著名的作曲家，被后世称为“西方音乐之父”。《哥德堡变奏曲》是巴赫晚期的作品，虽然不甚出名，但是背后也有一个有趣的故事，演奏这首曲子大概需要一个小时。这首曲子是为一个失眠的伯爵创作的，伯爵听了这首曲子后重赏了巴赫一只装满100个金币的金杯。

你想成为和他们一样的作曲家吗？

爆笑知识漫画

什么工作有意思

3 镜头下的世界

绘时光 著绘

甘肃文化出版社

甘肃·兰州

图书在版编目（CIP）数据

什么工作有意思. 3, 镜头下的世界 / 绘时光著绘
. -- 兰州 : 甘肃文化出版社, 2024.5
（爆笑知识漫画）
ISBN 978-7-5490-2908-2

Ⅰ. ①什… Ⅱ. ①绘… Ⅲ. ①职业—儿童读物 Ⅳ.
①C913.2-49

中国国家版本馆CIP数据核字(2024)第028396号

目录

摄影师 20

演员 23

主持人 27

导演

完成观众满意的影视作品

工作场所
剧组，戏在哪儿拍，就到哪里

使用工具
麦克风、对讲机等

工作内容
领导整个剧组拍摄出影视作品等

基本素质
具备扎实的专业知识，丰富的想象力，出色的组织能力、领导能力

就业 剧组

怎么成为导演？

艺术类院校会设立导演这个专业，学习当导演需要具备的基本知识后，努力成为导演。

导演这份职业有意思

导演是创作影视舞台剧作品的组织者和领导者，是借助演员表达自己思想的艺术家，是把影视文学剧本搬上荧屏、舞台的总负责人。导演分为电影导演、话剧导演、电视剧导演、综艺节目导演，等等。总的来说，如果一个剧组是一个班级的话，导演就相当于班长，需要有一定的管理能力。剧组里各个部门必须听导演指挥。剧本如何演，要听导演的指导；场景选择，少不了导演的意见；道具准备与场景布置，更要听导演的建议。

导演戴着麦，拿着对讲机，掌控全局，是整个团队的灵魂。一部影视作品的质量，在很大程度上取决于导演的素质与修养；一部影视作品的风格，也往往体现着导演的艺术风格和看待事物的视角。

成为专业导演既要有一定的专业能力，还要有强大的抗压能力。想成为一名出色的导演，必须扛得起摄像机，会剪辑视频片段，会分配任务，能组织人员高效工作。有创意、有良好的审美能力，具备出色的沟通能力，能够承受较大的工作压力。相比于台前的风光，导演在幕后要承受很多压力，有来自投资方的压力、有影片上映后票房的压力，有拍摄影片本身的辛苦和高压……所以，没有足够的实力是无法胜任导演工作的。

韬光养晦，脚踏实地是每个专业导演要具备的素质。独立电影人是每一个导演的起点，而这也意味着你要面对层出不穷的艰难险阻。独立电影人多如过江之鲫，大多数无人投资，拍出来的影片也无人问津。独立电影人的处境就是这么残酷，但你必须接受这个过程，慢慢地提升自己的实力，提高影片的质量，直到有制片人和投资公司向你发出邀请。

导演这份职业确实不容易！无论有多艰难，既然有梦想，就一定要为自己的导演梦拼一次！

记者

完美的采访稿，真实的记录

工作场所

室内、户外，哪里需要去哪里

使用工具

录音设备、话筒、记录本、笔、电脑等

工作内容

采访、报道新闻等

基本素质

性格勇敢、外向，有主见，敢于探索，具备出色的写作能力和沟通能力

就业 报社、电视台等

怎么成为记者？

要具备各种各样的本领，包括扎实的写作能力，勇于前进、不畏困难的探索精神，良好的沟通能力，合格的采访能力，等等。在具备这些能力之后，还要考取相应的资格证，持证上岗。正式成为一名记者后，更要不断锻炼自身，争取做一位出色的媒体人。

记者这份职业有意思

记者就是从事采访和报道工作的专业人员。举例来说，如果你成为一名记者，就可以天天拿着小话筒（也可能是录音笔），坐着飞机（也可能是汽车，甚至徒步）到各地，采访各行各业的人。

这些被采访的对象可能是世界上数一数二的富豪、最具权威性的科技人才、炙手可热的名人，也可能是街头小贩、原始部落的酋长、大山里的平民百姓。所以，记者的工作是很有趣的。

记者还有很多细分类别，如果你非常喜欢摄影，那你可以成为一名摄影记者，用相机记录下每一个奇妙的瞬间。

如果你是一位“军事迷”，那你可以成为一名军事记者，去前线获得一手资料。

如果你是一位“体育达人”，喜欢观看各种各样的体育赛事，那你可以成为一名体育记者，近距离采访每一位运动健儿。

总之，记者这份工作可以说是用文字阐释着社会中的各行各业。

曾经有人说过：“倘若一个国家是一条航行在大海上的船，记者就是船头的瞭望者。他要在一望无际的海面上观察一切，审视海上的不测风云和浅滩暗礁，及时发出警报。”

从这句话看，记者的重要性不言而喻。

在我们的社会里，许许多多的事件都是记者们报道出来的，这些事件中有乐于助人的好事，有走失儿童阖家团圆的幸事，也有损害国家利益和人民利益的坏事。

记者是正义的化身，要不避艰险、不惧权贵、不贪图金钱，用手中的笔揭露丑恶、维护正义！

记者拥有文人的风骨、武人的魄力，是以提升人们的生活质量、维护人们的各种权利为己任的守护者。

记者是冒险家，一年四季在外奔波，辛勤工作。深山里有他们的足迹，火山口旁有他们的汗水，他们在枪林弹雨的战争中出没，在地震海啸的现场发出报道，就连飓风来临的港口都有他们小小的身影，他们用笔记录着许许多多的事情。

配音演员

声音与所配音的角色完美贴合

工作场所
录音棚、家里

使用工具
专业麦克风、剧本等

工作内容
影视剧角色配音，有声读物配音

基本素质
发音标准、能变声，出色的表演能力、模仿能力、艺术创造力

就业 配音工作室等

怎么成为配音演员?

配音演员分为“专业出身”和“半路出家”两种。第一种，在专业学校学习，练就一身功夫；第二种，靠着兴趣自学成才。

配音演员这份职业有意思

对配音演员来说，优秀的嗓音条件是入职“门票”，自然要好好爱惜自己的嗓子。饮食上要注意不能高盐，抽烟喝酒更是不可以。配音演员的嗓子过劳是逃不掉的，工作堆在一起的时候，累到声嘶力竭，什么也不想说。

“配音演员”里有“演员”两个字，自然说明也有演员这部分工作，面对文字台词本，要用心体会人物，抓住角色特点，让观众感受到角色的性格、特点、脾气以及情绪，而且声线也要贴合角色，很多优秀的配音演员都是“戏精”，能够熟练转换八岁到八十岁的声音来展现剧情。

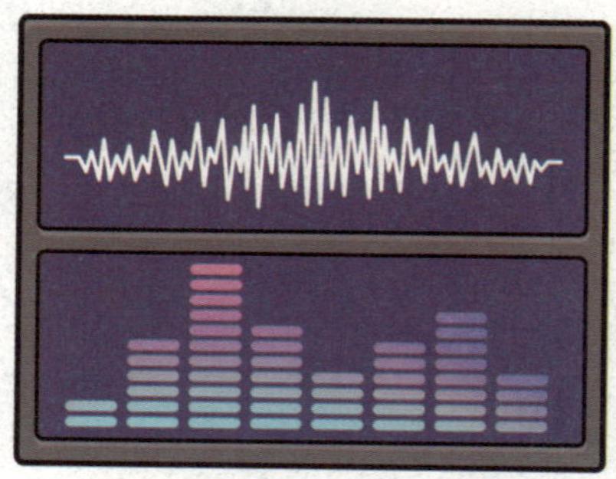

两个声音、形象完全不同的两个人物可能是一个配音演员配的音！

很多时候，配音演员都被我们忽视了，他们在幕后“藏”起来了。看过的动画片和电视剧，我们能回想起那些经典的声音，但是不知道那些声音背后的面孔。而回想起动画片里的角色或者那些台前露脸的演员，他们的形象则历历在目。

配音演员其实是近百年才产生的年轻职业，毕竟几百年前还没有电影、动画片，也没有配音演员的用武之地。电影、动画片刚出现时是无声的，配乐都靠现场拉来乐团演奏，因此也就没有使用配音演员的必要了。

中国的皮影戏是国家级非物质文化遗产，其实也算是使用了配音的。不过，那个配音是现场配音，皮影戏前面演着，后面躲着人进行现场配音，跟现在的配音演员的工作有很大区别。

这两种配音也算是各有各的“绝活”。现代的电影配音，剧情复杂，人物众多，配音演员对情绪的把控就得很严格，声音的运用需要很专业。

皮影戏的配音需要配音者会唱戏，唱戏这门功夫也是要练好多年的，况且还是“现场直播”，不给你出错的机会。

摄像师

捕捉到最好的影像

工作场所

拍摄现场，可能是室内，也有可能是野外哦，哪里需要到哪里

使用工具

专业摄像机、三脚架

工作内容

用摄像机做记录，捕捉最佳影像，考虑画面构图、色度、对比度，机位的设置

基本素质

有过人的体力和耐心，能吃苦，具备出色的洞察力和意志力，善于沟通

就业 影楼、报社、电视台、剧组等

怎么成为摄像师？

要成为一名出色的摄像师，要能吃苦、有耐心、会沟通、有勇气、有敏锐的洞察力和坚忍不拔的意志，并时刻保持对摄像的热情！

摄像师这份职业有意思

炮火纷飞的战场、火山喷发的现场、流光溢彩的秀场，没有摄像师不敢去、不能去的地方。这样的职业还真是充满吸引力。

你知道吗？摄像师使用的专业机器的重量2~4千克不等，肩扛机更达到4千克以上，一般电视台的摄像机甚至能达到5千克以上……

电池、三脚架、2~3个镜头、2台机器，这只能算是摄像师的一般配置，加起来总重量可能达到20千克。

当拍摄新闻现场时，摄像师一定要第一时间找到最佳位置，捕捉当事人的眼神和动作，快速按下快门，及时传递新闻信息。

新闻事件召唤摄像师去往各地，记录人生百态，看遍喜怒哀乐。你以为摄像师是人生体验官吗？其实有时候他们是职业挨打人，摄像师为了呈现给世人最真实的画面，被谩骂、殴打也不放弃。

当拍摄动物世界时，摄像师把自己的聪明才智发挥到了极致，将摄像机做成动物便便的模样，对动物进行跟踪摄像。

这时你会发现，藏在远处的摄像师正一脸骄傲地操纵着这些摄像机。

当拍摄地理风光时，摄像师不是在寻找美的风景，就是在寻找美的风景的路上。为了拍到壮丽的风景，他们不辞辛苦。

摄像师要结合物理、地理、天文、气候等专业方面的知识，做到选对地点、找好角度，耗得起时间等待合适光线……

当拍摄热带风暴登场时，摄像师便化身勇士，直面热带风暴，为我们带来身临其境的震撼。

这些追逐风暴的人，前期准备一定要充足，不但要保障自己的安全，还要保护好自己的器材，否则谁也不知道接下来要面临的是惊喜还是意外。

跟拍摄像师可能需要负重4千克连跑十几个小时。

在保证不跟丢的同时，还要捕捉跟拍对象的精彩瞬间，既要保持画面稳定，又要保证速度，大量的转场还需要反复拆装和调试设备，摄像师真不好当！不过看到最后呈现出的精彩节目效果，摄像师觉得所有的付出都是值得的！

插播：比赛开始啦！

全世界的摄像师长途跋涉终于来到奥运会现场。闷热的主体育场上，体积庞大的拍摄设备旁，遮阳伞遮挡住酷热的阳光。摄像师在工作时不但要精神高度集中，还要有个好身体，否则，一不小心，危险就来到身旁。

宝贝摄像机哪怕在看似安全的拍摄区也不能随便乱放，这位摄像师的一台摄像机就被运动员踩到了……看着有点惨烈，碎片散落一地，不过好在机身并无大碍，但是昂贵的镜头破碎了，电线裸露出来，只好报废。

瞧！上一秒摄像师还在全神贯注地抓拍滑板比赛运动员精彩的瞬间，下一秒运动员就将摄像师撞翻。摄像师自身的重量外加肩上的摄像机，给摄像师的尾椎带来了不能承受之重，人看着都疼呀！

没有摄像师和摄像机，就没有精彩难忘的奥运会转播，感谢每一位奋战在奥运现场的摄像师！

摄影师

拍出具有视觉效果的照片

工作场所

摄影棚内，或者室外需要摄影的地方

使用工具

相机

工作内容

拍照

基本素质

具备出色的拍照技术，以及强壮的身体和良好的语言表达能力

就业 杂志社、影楼、报社等

怎么成为摄影师？

学习摄影技巧，拍出他人认可、有创意的照片，就有机会做摄影师哦！

摄影师这份职业有意思

你认为的摄影师是不是出场酷酷的，拍照技术一流，可以看遍优美景色，按下快门，记录美好？实际上，他们可能得扛得了机器、爬得了树、下得了水；时刻观察景物和光线。破旧偏僻的胡同、人迹罕至的景区、动物出没的老林、黄沙翻滚的沙漠、鲨鱼追逐的海底……都是他们频繁出入的场所。

摄影师除了有高超的拍照本领之外，还要有良好的沟通技巧，在需要的时候，用语音引导、走进摄影对象的内心，帮助摄影对象找到拍照的最佳状态。

对于人像摄影师来说，不管是在晴天、阴天还是雨天，他们都能对光线进行把握；无论是日出日落时柔和的光，还是补光工具打出的光，都能被摄影师巧妙地运用到人像拍摄中；选择场地，为人物进行服饰色彩搭配，合理利用道具构图，了解每个模特的特点，进行动作安排和角度选择，抓住人物最美、最独特的瞬间……这一系列的摄影技巧如行云流水！

假如你有一个摄影师朋友，你以为从此以后你们出去玩，你就会拥有一个专业拍照人，结果你可能发现，他拍的照片根本没有一张是你，拍的全都是他最爱的风景。

演员

完美塑造一个角色

工作场所

剧组（需要到哪里拍戏就去哪里），舞台

使用工具

服装、道具等

工作内容

读剧本、戏剧表演、舞蹈表演等

基本素质

具备扎实的台词功底、多样的才艺和出色的演技

就业 剧组、话剧剧团等

怎么成为演员？

1. 最靠谱的办法就是考进艺术类高校，大多数演员也都是这么走出来的。

2. 如果你长得足够好看，说不定在路上就会被星探相中，邀请你去试镜，不过这是需要你的颜值和运气的。如果遇见人说他是星探，你要留个心眼，判断他到底是星探，还是骗子！

3. 如果你不是科班出身，颜值也没有那么“倾国倾城”，那么可以试试做群众演员，从基层做起。

演员这份职业有意思

说到演员，大家应该都很熟悉，电影、电视剧和舞台上随处可见。其实，演员分很多种，包括影视演员、小品演员、戏剧演员、舞蹈演员、杂技演员……

有专门教授表演的大学，比如中央戏剧学院、北京电影学院、中国传媒大学、中国人民解放军艺术学院、上海戏剧学院，等等。每年艺考的时候，这些著名的艺术类高校里那真是人山人海啊！

想要成为一个合格的演员，十八般武艺都得会。台词功底得扎实，形体气质要好，还要能够共情，等等。

在演戏的过程中，演员要贴近角色，演农民就要演出朴实感，演坏人就要给人嚣张的感觉，这考验的是一个演员的表演能力。

干什么都逃不过读书，演员也要有好的文化素质，不仅要在公众面前不露怯，还要能理解剧本人物和背景。

演员的看家本领就是“演技”，要是没有演技，演什么都像一个人，那哪行啊！“改头换面”般的演技可是演员的毕生追求。但“戏精”细胞可不是天生的，得一点点地磨炼，努力学习。

最重要的是，演员作为公众人物，要有良好的思想品质，发言和行为也要谨慎。

主持人

发音准确标准，正确传达信息

工作场所

办公室、舞台、演播室等

使用工具

话筒和主持稿

工作内容

主持节目、活动等

基本素质

具备优秀的表达能力、沟通能力、临场发挥能力

就业 电视台、广播电台、媒体等

怎么成为主持人?

想要成为主持人，需要普通话水平达到国家规定的标准，具有良好的形象和形体语言表达能力，掌握新闻专业的基本理论，还需要考取播音员主持人证。许多大学也有播音主持专业哦!

主持人这份职业有意思

严格地说，主持人这个职业并不是一个历史悠久的职业。最早，主持人仅仅是广播电台的广播员，我们只能通过喇叭听到他们的声音，不像今天，可以在电视上看到主持人与观众互动的场景。

随着社会的发展，电视的兴起，电视节目种类的增多，主持人行业有了很多分支，例如综艺节目主持人、新闻联播主持人、纪录片主持人，等等。

如果大家仔细观察就会发现，主持人的手里常常会拿着一张小卡片，在主持的过程中，主持人会时不时地瞄一眼这张小卡片。这张小卡片上有什么呢？

其实这张小卡片又叫“手卡”，上面写的是主持稿，万一主持人突然忘记主持稿了，怎么办呢？没关系，看一下这张小卡片就可以啦。

除了这种小卡片，还有一个能够提词的“装备”——提词器。什么是提词器呢？“提词器”就是一个亮度超高的屏幕，通过反射的原理将屏幕上的内容投射到摄像机镜头前的一块玻璃上，主持人可以通过看玻璃上的内容完成主持工作。

主持人是怎么练成的？主持人需要发音标准，吐字清晰，“四是四，十是十”，平翘舌发音要分清哦！

除此之外，主持人也需要形象得体，这里说的“得体”，是指干净整洁，在镜头里要好看哦

想要成为主持人，要具备较高的知识水平和较好的语言表达能力，只有这样，在面对观众和嘉宾的时候，才不会冷场。

插播："话筒"的一日工作

大家好，我的名字叫小筒，作为一个尽职敬业的好话筒，今天是我上岗工作以来第一次遇到大型晚会，还有12个小时我就要面对我工作生涯中的第一个考验了，和我一起接受考验的还有我的主人，每次和他并肩作战的时候，我都觉得心里无比踏实，哪怕今天在如此隆重的场合，我也丝毫不慌。

距离晚会还有12个小时。我的主人依旧和平时一样，迈着轻快的步伐走进办公室，抚摸了一下我的头，打开电脑，灵活的手指开始在键盘上"哒哒哒"地跳起了舞，我知道他在写今天晚会要用的主持稿。

距离晚会还有10个小时。稿子写好了，现在他要和今晚的搭档一起开会改稿。

距离晚会还有8个小时。他在员工食堂里吃着午餐，看起来心情不太好。就在刚刚开会的时候，我的主人读错了几个字。不过我相信他在晚会上一定会发挥好的。

距离晚会还有6个小时。办公室里出现了“噪音”，我知道现在到了他“开嗓”的时候，我的主人还准备了手卡。

距离晚会还有4个小时。我的主人不在办公室里，你猜他去哪了？他去试穿自己今天晚上主持时要穿的礼服了，我都快认不出我的主人了。

距离晚会还有 2 个小时。我和主人一起去舞台上进行彩排，我还看到了很多唱歌跳舞的姐姐，我的主人和这些演员一起快速地进行了一遍晚会流程，又和导演一起讨论了两次之后才带着我满意地下台休息。

晚会倒计时 5，4，3，2，1。我的主人调整出他最自然的笑容，带着我，迈着自信的步伐，用洪亮的嗓音说着主持词，那一刻，作为一个话筒，我骄傲极了！

爆笑知识漫画

什么工作有意思

4 超级大脑

绘时光 著绘

甘肃文化出版社

甘肃·兰州

图书在版编目（CIP）数据

什么工作有意思. 4, 超级大脑 / 绘时光著绘. --
兰州 : 甘肃文化出版社, 2024.5
（爆笑知识漫画）
ISBN 978-7-5490-2908-2

Ⅰ. ①什… Ⅱ. ①绘… Ⅲ. ①职业—儿童读物 Ⅳ. ①C913.2-49

中国国家版本馆CIP数据核字(2024)第028402号

目录

测量、采集并分析有效且精确的数据，绘制完善的图纸，等等

完成安全可靠的飞行器设计制造工作

利用化工技术来解决各种生活、社会、环境等相关问题

做好矿山开发的重大设计，编制合适的挖掘进度计划等

安全有序地完成石油天然气工程任务

税务专员 29

冶金工程技术员 32

注册安全工程师 39

测绘和地理信息工程技术员

测量、采集并分析有效且精确的数据，绘制完善的图纸，等等

工作场所

室外（需要测绘的地方）

使用工具

测量工具、绘图工具和各种地理信息处理软件等

工作内容

对某个地点进行专业数据的采集、制图、设计、施工与管理等各项工作，对某片土地进行测量和分析

基本素质

能对地理位置进行测量，能把测量出的信息画成图纸且能熟练地使用各种地理信息处理软件

就业 从事地质、工程测量，进入科学研究单位或企业

怎么成为测绘和地理信息工程技术员?

学习相关专业，完成各个课程的学习，毕业之后就可以向测绘和地理信息工程技术员的方向前进啦！

测绘和地理信息工程技术员这份职业有意思

测绘和地理信息工程技术员，听起来是一个很复杂的职业。实际上，它的确是一个很复杂而且需要很多知识才能胜任的职业。

身为测绘和地理信息工程技术员，要能对某个区域的土地进行测量，而且要能把测量出的信息画成图纸，还要能熟练地使用各种地理信息处理软件。测绘和地理信息工程技术员听起来是不是很专业？实际上，他们确实很专业！

无论是画图、判断地质结构，还是研究矿山和水利水电，在一些需要专业知识的领域内，测绘和地理信息工程技术员总能游刃有余。比如，土地下面到底有什么，是金子，是钻石，还是溶洞？他们一探便知。所以，测绘和地理信息工程技术员常被称为“高级应用型人才”。

在不同的单位，测绘和地理信息工程技术员分别担任着不同的职务。比如，在地理信息系统企业，他们需要对某个地点进行专业数据的采集、制图工作。

又比如，在国土资源部门，对某片土地的测量和分析都由他们来完成。

如果在测绘部门，他们就会化身为信息统计员，设计、施工、管理等各项工作都可以交给他们。有了测绘和地理信息工程技术员的专业把关，土地开发简直是小菜一碟！

说起来，我们日常看到的事物：植物、动物、河流、房屋，等等，都在测绘和地理信息工程技术员工作的范围内，只是他们比我们观察得要细致多了。比如植物的类型都有哪些？适合什么气候？河流的走向是怎样的？河床的位置如何？河流的污染程度如何？这些都是测绘和地理信息工程技术员观察的重点。测绘和地理信息工程技术员会去收集某种事物的各种信息，并绘制地形图，还会观测地球及其他行星的形状、大小、重力场等。真是宇宙万物，无所不及啊！

航空工程技术员

完成安全可靠的飞行器设计制造工作

工作场所

办公室、飞行器制造工厂

使用工具

测量仪器、数据采集和处理软件等

工作内容

设计、试验、制造、维修飞行器、航空动力装置及机载设备

基本素质

扎实的专业知识，工作细心，具有钻研精神

就业 航空航天公司

怎么成为航空工程技术员?

首先要具备航空航天类专业本科及以上学历，具有扎实的数学、物理、力学、实验及计算机基础，还要掌握航空航天领域的多学科知识，了解航空航天领域的理论前沿、应用前景，最重要的是能运用多种手段研究和解决航空航天领域中没解决的问题，为国家的航空航天事业贡献自己的力量！

航空工程技术员这份职业有意思

航空工程技术员，通俗来讲就是设计、制造飞机、火箭、卫星这些天上飞的东西的技术人员。

把这些东西造好送上天之后，“售后”服务也不能落下，每日都要检测机器数据，发现问题要及时汇报给领导，保持机器能正常地在天上运转。

不能让两台机器相撞而提早“退休”。

也不能让机器被流星陨石击中。

当机器有“病痛”时，不管大小都要送到技术员那儿检测修理。

要成为一名航空工程技术员，需要专业的知识和技术。

比如，要知道怎样设计飞机机翼才能飞得更快、更安全。

要知道哪种材料能经受住脱离地球后的极热极寒交替、太阳直接照射的考验。

还要知道怎样设计航天器的最佳运行轨道，既能完成航天任务，又不会相互干扰。

化工工程技术员

利用化工技能来解决各种生活、社会、环境等相关问题

工作场所
实验室

使用工具
各种实验材料和工具

工作内容
利用化工技能来解决各种生活、社会、环境等相关问题

基本素质
掌握专业知识和技术，工作细心，有钻研精神，具备良好的沟通能力和分析能力

就业 生产化工产品的企业等

如何成为化工工程技术员?

考入高校的化工类相关专业，学习专业知识，毕业后进入化工厂的生产或技术部门工作，经过不断的努力，就有机会成为化工工程技术员。

化工工程技术员这份职业有意思

听到化工工程技术员，肯定有人认为这不就是化学家嘛！其实化工工程技术员并不是化学家哦。

当然，化工工程技术员要有丰富的知识，并且要经过专业培训，因为他们从事的工作具有很强的科学性，还要有动手操作的能力。

通俗地说，化工工程技术员是能够利用化工技能来解决各种生活、社会、环境等相关问题的专业技术人才。

虽然“化学工程技术员”和“化学家”字面上很接近，实际上，化学工程技术员绝对不像化学家那样，总是拿着试管或烧杯试验各种化学药品。

举个例子，化学家研制出了一种新的化学药品。

化工工程技术员负责分析、研究这种药品的特性、用途。

分析后，符合各项要求的药品会进行批量生产，投入市场。

首先，化工工程技术员必须在实验室做“小试”。来确定某种新的化工品的稳定性、安全性，以及各种材料的比例。

接下来是“中试”，进行计算机模拟生产等。

最后，也是最关键的，装置投料，正式生产！

从古至今，化学工业其实一直与人们的生活密不可分。

从最初的对天然物质进行简单加工，生产出化学产品，到后来进行深度加工和仿制，从而创造出自然界原本没有的东西，化工工程技术员也算是发明家行列中的一员呢！

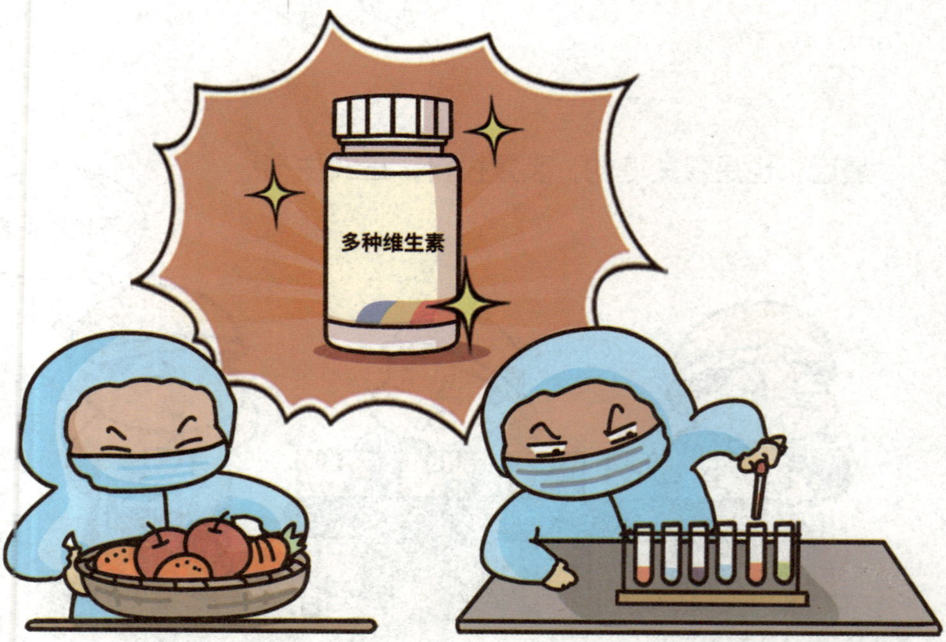

化学加工的历史，可以一直追溯到远古时期，从那时起，人类就能运用化学加工方法，制作出一些生活必需品，如制陶、酿造、染色、冶炼、制漆、造纸，以及制造医药、火药和肥皂，等等。即使身处21世纪的我们，面对古人的智慧，仍然会赞叹他们的伟大。

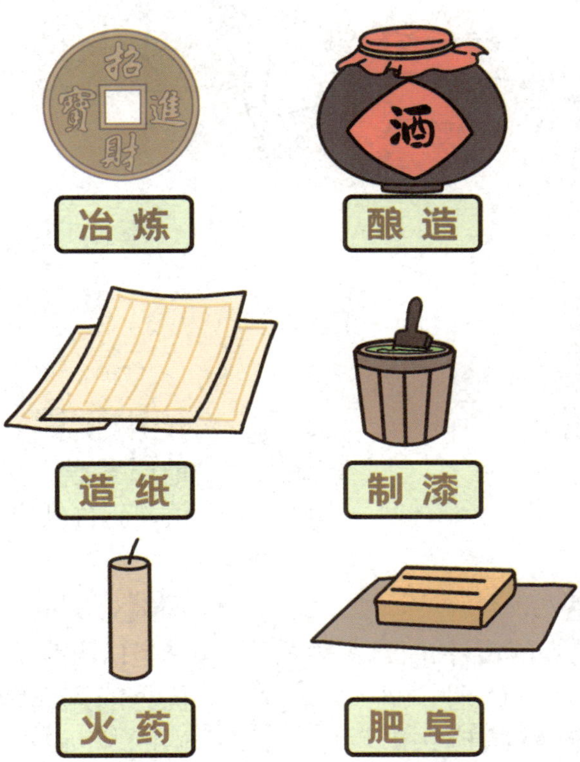

矿山技术工程师

做好矿山开发的重大设计，编制合适的挖掘进度计划等

工作场所

办公室、矿山

使用工具

地质罗盘、矿相显微镜、磁性硬度笔

工作内容

负责矿山开发的设计，制订矿山采掘计划，指挥矿工做好防护，避免出现事故

基本素质

具备认真的工作态度、优秀的沟通能力、准确的判断力，熟练掌握专业知识和技术

就业 从事矿物开采的单位或企业

怎么成为矿山技术工程师？

要想成为一名合格的矿山技术工程师，首先要努力学习，报考地质类专业并毕业，或取得矿山技术工程师的专业证件。当你拿到证件后就可以进入实践环节，和同事在矿山中探寻珍稀的金属宝藏，窥探地底世界的秘密了！

矿山技术工程师这份职业有意思

在土地下面埋藏着许多矿石。除了金属矿，比如金矿、银矿等，还有非金属矿，比如玛瑙、水晶、玉石，等等。

矿山技术工程师的职责就是事先做好采矿规划，在什么时间什么地点开采什么矿，准确判断采矿时可能出现的潜在危险，指挥矿工做好防护。别看他们在矿山工作，其实他们是高级工程技术人才。

具体来说，矿山技术工程师负责矿山开发的重大设计，负责编制矿山采掘的进度和计划，负责指出采矿计划进行中出现的错误。矿山技术工程师看好的矿山，一定要用矿山技术工程师选择的采矿方法去采矿，不然可能会事倍功半，或者发生危险。

开采完成后，矿山技术工程师还要仔细复盘开采过程，看看是否存在安全隐患，是否花了最少的钱开采了最多的矿石，是否有更好、更高级、更简便的采矿方法。总之，矿山技术工程师需要专业知识和智慧、勤奋学习的态度以及上进心。

矿山技术工程师可分为三个等级，分别是助理采矿工程师、采矿工程师和高级采矿工程师。技能越专业，知识越丰富，在工作时就越得心应手，级别当然也就越高噢！

大家在生活中似乎很难遇到矿山技术工程师，他们的工作你可能有点难以想象，不过我举个例子，你肯定就明白了。

如果我们把采矿公司比作一个军队，那么矿山技术工程师就相当于“军师”了。没有矿山技术工程师的调查就贸然采矿，是一件很危险的事情。

首先，“军师”要先调查矿山的地理环境、岩层类型等，设计“攻下”矿石大山的基本路线，然后就要编排军队，分小队开采。简单来说就是，每天从哪里开采？开采多少矿？多长时间能开采完？都在矿山技术工程师的掌控中。

其次，除了部署“军事”，矿山技术工程师还需要根据自身所学的知识以及积累的工作经验，判断该地质可能出现的坍塌陷落等危险，并提前做好预防措施，保证矿工的安全。

矿山技术工程师还会研究古代采矿和现代信息技术采矿，为矿工找到最省时省力且安全高效的开采方法，因此他们也是爱护“将士”的好“军师”。

石油天然气工程技术员

安全有序地完成石油天然气工程任务

工作场所
办公室、室外

使用工具
油气田开发软件、油气田设备等

工作内容
石油、天然气等资源的开采管理和监测等

基本素质
工作细致，具有过硬的专业知识，熟练掌握相关软件的使用，具备良好的沟通协调能力和抗压能力

就业 石油天然气公司

怎么成为石油天然气工程技术员？

取得石油天然气相关专业的本科及以上学历。熟悉石油与天然气相关行业技术规范、标准。熟练掌握油气田开发软件的使用。熟知石油工程基础知识，掌握常用油气开采工艺技术，能够解决天然气开采、输送环节出现的问题。

石油天然气工程技术员这份职业有意思

开采石油这项工作在古代就已经开始了。北魏时期的《水经注》一书中介绍了从石油中提炼润滑油的过程。

中国北宋杰出的科学家沈括在《梦溪笔谈》一书中具体描述了石油："颇似淳漆，然之如麻，但烟甚浓，所沾帷幕皆黑。"沈括还首次提出了"石油"这个名词，曰："鄜（fū）、延境内有石油。"

石油其实是很久很久之前，动植物死亡后留下的尸体被慢慢分解并沉积到地下，经过很多年的地质演化，加压加热形成的。天然气是有机物在厌氧环境下分解时产生的富含甲烷的气体，大多数来源于地底的天然油气田。换句话说，即使在我们这个时代，沉积物中仍然在不断形成石油，只不过这个过程非常漫长，至少需要 200 万年的时间。

石油天然气埋藏在地下，需要向地下钻井才能找到，这时就需要石油天然气工程技术员们判断位置了。

石油天然气工程技术员需要计算开采这些石油、天然气花费多少钱，然后再算一算能卖出去多少钱，还要预测开采对环境会造成多大的影响。

石油天然气属于不可再生能源，开采一点就少一点。如果人们花费了大量财力、人力，却只取出少量的能源，那就得不偿失了。

因此，石油天然气工程技术员需要监督工人们有效开采，这样才不至于造成各种浪费。他们还要规划好采集程序，缩短开采时间，提升产量。

对石油天然气工程技术员来说，掌握专业技能和积累工作经验是很重要的，这为你晋升为石油天然气技术工程师打下了基础，从而获得更好的发展。

那石油是用什么挖的呢？开采石油的机器叫抽油机，不过它还有一个一分有趣的名字，大家都叫他“磕头机”，因为抽油机工作的时候，是抽油杆带动抽油泵做活塞运动，看起来就像不停地在磕头，油井中的石油就被源源不断地抽取出来。

税务专员

算对每一笔支出与收入，监督企业依法纳税

工作场所

办公室

使用工具

电脑办公软件

工作内容

根据国家的税收、财务政策，对自己公司的税务问题提出建议和改正的方法；计算税费；管理公司发票等

基本素质

熟悉税务政策，精通有关税收的各种法律，熟练使用电脑办公软件，对数字极其敏感

就业 各单位或企业的财务部门

怎么成为税务专员？

想当上税务专员，首先要通过注册税务师考试；其次要非常了解国外、国内和各个地方不同的税务政策；还要精通国家有关税收的各种法律；因为要和各种电子表格打交道，所以还要熟练操作电脑办公软件。

税务专员这份职业有意思

在了解这个工作之前，我们得先弄明白“税”是什么。税，就是国家向企业、集体或者个人征收的货币。税被国家征收上去之后，会用到社会上，为我们提供公共服务，让人民有更好的生活。我们交税，因此我们也被称为“纳税人”。主动诚信交税，是每个公民的义务。

税务，就是有关税收事务工作，税务工作每天都和税打交道，比如，征收税和管理税。

税务专员就是在一个公司部门里负责管理钱款的工作人员，这个部门就是财务部门。

税务专员在公司里具体做些什么呢？他们要根据国家的税收、财务政策，对自己公司的税务问题提出建议和改正的方法。

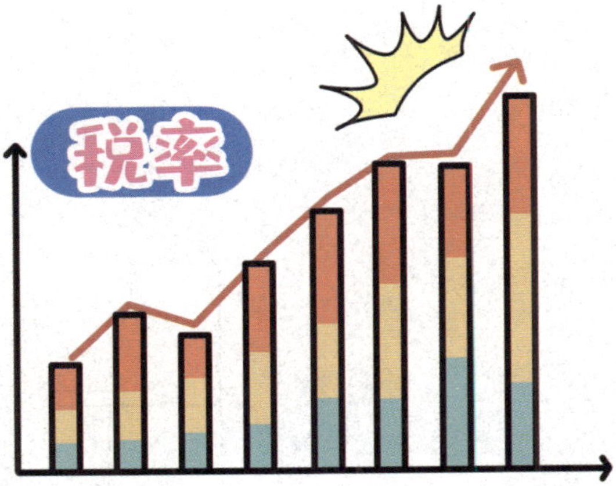

还要负责公司各种税费的计算，算税可不能出错，要打起十二分精神！算多了，公司就要多交钱；算少了，公司就违法犯罪啦。

他们还要管理公司的发票、税务票据和各种有关资料。有了税务专员，老板再也不用担心公司在税务方面的问题啦！

冶金工程技术员

让冶金工作安全而高效地进行

工作场所
办公室、实验室

使用工具
化学试剂

工作内容
从事冶金生产工艺技术研究、设计及生产，比如研究如何把有杂质的铜矿提炼成高纯度的铜块

基本素质
工作细心，掌握专业知识和技能，以及相关软件的使用，具备洞察力和沟通能力

就业 从事冶金工程的单位或企业

怎么成为冶金工程技术员?

学习相关专业知识及技术，熟练使用各种冶金设备，最重要的是考取冶金工程师资格证。另外，还要会使用相关电脑软件，要有钻研精神、沟通能力以及洞察力，等等。

冶金工程技术员这份职业有意思

说起冶金行业，你会不会立刻想起黄金？其实，“冶金”的“金”不仅指黄金，还包括其他金属，比如铜、铁、锡等。

冶金行业是国民经济建设的基础，是国家实力和工业发展水平的标志。冶金行业为其他行业提供材料，保障工业、农业、国防及科技的发展，不断地为人类文明进步提供新的物质基础。

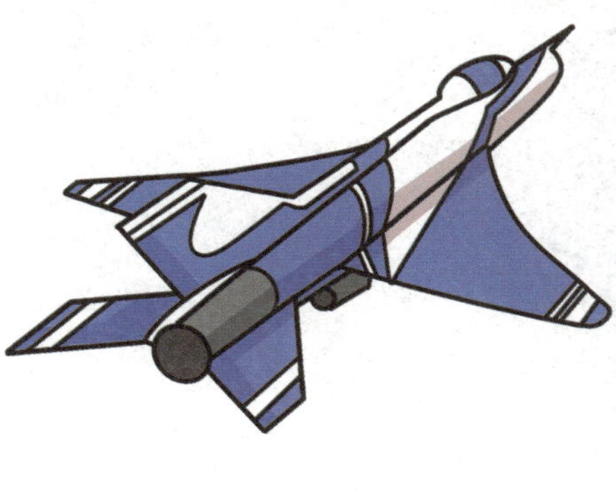

有冶金行业，就有冶金工程技术员。那他们是做什么的呢？冶金工程技术员是指冶金生产中从事工艺技术研究、设计及生产的工程技术人员。比如研究如何把有杂质的铜矿提炼成高纯度的铜块。

冶金工程技术员开启了一天的工作。

他们要做的事情有好多。

教会其他员工如何正确地使用这些设备。

准备需要的化学试剂。

测试样品，观察是否能够进行冶炼，用什么方式冶炼，是否能够投入批量生产。

在实验室中进行各种实验，不断试错，发现各种金属的“小脾气”。

说起我国的冶金技术，可以追溯到商周时期的青铜器时代。

高超的冶铜技术是中国冶金行业的源头，中国的青铜冶炼技术非常发达，由此开启了光辉灿烂的“青铜文明”。

到了明代中期，中国已经开始大量地生产金属锌。明代的钱币——“永乐通宝”就具有较高的含锌量。

而欧洲直到18世纪才开始冶炼锌。

据古书《天工开物》中记载：中国古代冶金技术取得了许多成就。

如冶炼生铁和熟铁的连续生产工艺，退火、回火、正火、淬火等钢铁热处理工艺等。

注册安全工程师

严格审查工程的安全问题，监督工程的完成情况，从而保障工作人员的安全

工作场所

需要进行审查的工程场所

使用工具

手持式电动工具、安全检修工具等

工作内容

审查工程是否存在安全隐患，手续是否合法齐全，时刻关注工程进度，制定并严格执行安全检查工作

基本素质

熟练掌握安全知识，具备强烈的责任心，敏锐的观察力、判断力、辨别控制能力和分析能力

就业 煤矿、化工、建筑运输等公司

怎么成为注册安全工程师？

具有安全工程及相关专业专科以上学历，在安全生产业务岗位工作至少5年，就可以报考注册安全工程师了。考试通过后，可以参与应聘，成为一名注册安全工程师。

注册安全工程师这份职业有意思

注册安全工程师，简单地说，就是为一个工程和工人保驾护航的人。

工程开工之前，先让注册安全工程师审查这个工程是否存在安全隐患，手续是否合法齐全。

工程开工后，还得让注册安全工程师时刻关注工程进度，制订并严格执行安全检查工作计划。一个工程能顺利地完工，少不了他们。

注册安全工程师为什么这么重要呢？因为他们所接触的工程通常都具有一定的危险性，比如开山采矿、穿山通路、拆迁改建等，都在和危险打交道。

实施工程时要防止爆炸、火灾、污染、有毒物质泄漏等事故的发生，如果不注意，就会威胁到很多人的生命安全。而有了注册安全工程师，就能极大可能地预防事故发生，从而保证工程的安全性。

要成为注册安全工程师，还需要通过专门的考试。怎么通过考试呢？首先要具备基本的法律知识，如《安全生产法》《矿山安全法》《消防法》《注册安全工程师管理规定》等一系列法律条文都要烂熟于心。

注册安全工程师还要“能文能武”。“文”要熟知天文地理，能根据工程的实际环境，比如环境干湿度、气象、地质等情况做出评估，预防施工中危险的发生，也就是未雨绸缪的能力。

“武”就是要有技术，能干体力活。

当意料之外的事故发生，注册安全工程师还需要分析具体原因，找到解决办法，降低影响。有时候也需要他们亲自上手解决。

面对不同的工程，需要投入的体力也不同，有时候是一个螺丝刀就能解决的问题，有时候可能需要用到铁锹、推车，所以这算得上是个要体力的技术活。

注册安全工程师就像个侦探。为什么这么说呢？他要有细致的观察能力和辨别控制能力，能将工程中的不安全因素一一找出来，及时排除隐患。万一事故发生了，注册安全工程师又要化身事故调查员，将事故的前因后果全部分析出来，谁该对事故负责都要分析得清清楚明白。

爆笑知识漫画

什么工作有意思

5 服务大家

绘时光 著绘

甘肃文化出版社

甘肃·兰州

图书在版编目（CIP）数据

什么工作有意思. 5, 服务大家 / 绘时光著绘. --
兰州 : 甘肃文化出版社, 2024.5
（爆笑知识漫画）
ISBN 978-7-5490-2908-2

Ⅰ. ①什… Ⅱ. ①绘… Ⅲ. ①职业－儿童读物 Ⅳ.
①C913.2-49

中国国家版本馆CIP数据核字(2024)第028403号

目录

保障区域内人员安全

法律顾问
合同
为当事人解答法律问题，提供法律帮助

负责社会资源的管理和分配，全心全意为人民服务

为乘客提供便利，使机场正常运转

为公司招聘到最合适的员工，合理安排每一位员工的工作

规范登记、整理图书，熟悉图书馆的每一处，能够快速为读者找到他们想要的图书

维护小区的公共设施，保护小区居民的安全

管理好宿舍

安全、快速地完成货物的装卸工作

保安

保障区域内人员安全

工作场所
保安室，所负责区域

使用工具
防暴钢叉、防暴盾牌、对讲机、巡逻车等

工作内容
保障负责区域内人们的安全

基本素质
为人热心，吃苦耐劳，具备较好的身体素质和较高的警惕性

就业 物业公司、需要保安的单位和企业等

怎么成为保安?

身体强壮、吃苦耐劳是成为保安的最基本素质，还需要参加考试取得保安资格证。

保安这份职业有意思

保安就是从事保卫治安工作的人。他们的主要工作是防火、防盗，以及保障自己工作区域内人们的安全等。

保安的业务范围可是很广的，主要有守卫、巡逻，营业性文体活动的安全服务，道路交通协管，特殊性安全服务，承接安防工程和建立安防系统等。

保安还要有保安资格证，分为五个等级：初级保安员、中级保安员、高级保安员、保安管理师以及高级保安管理师，每个等级所要求的业务技能和技术管理能力都不一样。

保安可不是那么容易就能够当上的哦。当你去某个小区找工作，老板开口可能会问：“你有保安资格证吗？”所以在应聘保安之前，得先努力取得保安资格证。

稍微会一点英语，会让保安的工作更顺利，不然小区内有外国友人的时候可怎么办？全程依靠动作比画多少有点难。

合格的保安还需要有矫健的身手，学习武术、经常跑步锻炼对做好这份工作有一定的帮助，要不然有一天遇到小偷，跑得还没有小偷快，怎么帮警察叔叔抓坏人呢？

除此之外，使用工具也得熟练，防暴盾牌、防暴钢叉等工具的使用得好好练习。防暴钢叉可不是我们用叉子叉小龙虾那么简单哦，那是制服坏人的工具，需要勤加练习。防暴盾牌也是为了保护自己，但前提是要学会使用方法，不然没有被坏人的武器伤到，反倒把自己伤到了。

想要做好保安，没有耐心是不行的，因为保安可能每天都会遇到成百上千辆车，他们需要引导这些车辆进入车库，按按钮给司机开门，所以就会一直重复几个动作：微笑、开门、登记、挥手再见。

虽然保安室里有空调，但大多数时间保安是享受不上的，因为有好多工作需要他们在室外完成：巡逻、引导车辆、扶老携幼、指示方向，也会指挥一下车主倒车入库，等等。

夏天，保安在大太阳下工作是常有的事。

冬天，保安也会与风雪做伴，所以想要做好保安，得能吃苦哦！

法律顾问

为当事人解答法律问题，提供法律帮助

工作场所

律师事务所、办公室

使用工具

法律条文、卷宗

工作内容

协助单位处理各种纠纷，完善各种规章制度，对合同进行规范管理等

基本素质

具备丰富的法律知识、具有良好的表达能力、社交能力、协调和沟通能力

就业 律师事务所，各单位或企业的法务部等

怎么成为法律顾问？

首先，你要精通法律知识，要对法律了如指掌；其次，你要有较高的法律素养，能够解答别人提出的法律问题，可不能一问三不知，能够为顾问单位提出有效的建议；再次，你得有法律职业资格证，证明自己可以担任法律顾问；最后，如果企业聘请你，你就可以担任法律顾问了。

法律顾问这份职业有意思

法律顾问，就是解答法律疑问，提供法律帮助的专业人员。

法律顾问可以是律师，也可以是法律专家或者大学教授。

法律顾问可不是随便什么人都可以当的，有三个途径可以让你成为法律顾问，第一个办法是成为一个律师。

你得先通过司法考试，取得法律职业资格证。

接着，你需要到一个律师事务所里工作至少一年。具备以上两个条件，你才能够成为一名真正的律师，你就可以受聘法律顾问了！

第二个办法就是成为一个法律专家。可能你会觉得成为一个专家比较容易，只要多读书、多看报不就可以了吗？错！

要成为一个法律专家，你需要天天在法律知识的海洋中挑灯夜读。

还需要参加讲座，虚心学习，不断进步。

还需要外出交流学习，积累经验。

当你对国内外的法律知识了如指掌时，就有机会成为法律顾问了！

法律顾问也不是仅仅靠一张嘴就能在法律顾问这个行业里存活的，你得有真才实学才可以。

作为法律顾问，要耐得住寂寞。你的生活可能整天要和各种法律条文打交道。

可能你总觉得法律顾问离我们遥远，其实在公司、政府、各种组织里，都不能少了法律顾问，法律顾问能够给我们提供维护自己利益的建议，这样才能让工作顺利进行。

公务员

负责社会资源的管理和分配，全心全意为人民服务

工作场所
办公室、行政大厅等

使用工具
电脑

工作内容
处理各种文件、事件，办理各种业务等

基本素质
要求吃苦耐劳，待人亲切，有耐心，服务意识强，有责任感

就业 国家行政机关

怎么成为公务员？

根据学历及专业参加相应职位的公务员考试，通过笔试后还需要参加面试，面试通过之后，还需体检以及政审，都通过了，就可以成为公务员啦！

公务员这份职业有意思

公务员的纪律是很严格的，因为他们代表了国家行政机关的形象。他们要有奉献精神，要有开拓创新精神。他们要为人民服务，日常要处理各种和民计民生有关的文件、事件。

公务员的工作任务是管理社会经济和国家的公共资源，国家公共资源包括水资源、森林资源、海洋资源以及土地资源等。

公务员时刻接受人民的监督，因此必须为人正派、一身正气。有些公务员的工作会直接接触国家机密，还必须保守秘密。

公务员有不同的类别，一般分为综合管理类和专业技术类。通俗地说，管理类就是做管理工作，专业技术类就是干技术活儿。公务员报名考试的时候，一定要多问自己几遍：我擅长什么？知道自己擅长什么，就报名参加什么类别的考试。

公务员分好多等级。在中国，公务员有27个等级。

一名合格的公务员，要努力做好自己的本职工作，让自己的工作能够帮助到人民。因此，成为一名公务员之后，你也不能骄傲。在岗位上不能偷懒，要不断学习才能更新自己的知识，拥有了新知识，就能更好地工作，从而能更好地为人民服务。

插播：公务员考试计划通

第一步，报名考试。前一晚需要定一个闹钟，可不能错过报名时间，输在起跑线上。

第二步，报名成功，给自己鼓掌。你已经踏出了成功的一小步。接下来就是交考试费了。

第三步，你可以打印准考证啦！这可是你的考试凭证，没有它，你就不能进考场，可得把它当宝贝好好保管！

第四步，就是考试啦！最好提前一天去考场实地考察，避免到时候紧张走错了。

坐在考场里你开始答题时，不要紧张，边看题，边在脑海里回忆自己所学的知识，将正确答案工整地写在答题卷上。

第五步，半个月后成绩出来啦！你心情激动，手指颤抖，捂起眼睛不敢瞅分数。妈妈激动地叫了起来："宝儿！你过了！"

第六步，就是参加面试。一定要精神饱满、仪态端庄，面试官提的问题，你要对答如流，千万不要怯场，要有自信。

第七步，面试通过后，你就可以参加公务员体检啦！你要早睡早起，身体健康，体检一定会通过！

第八步，公务员政审。审查你的思想品德、工作能力、勤奋精神以及工作成绩。

第九步，公示录用名单。你的政审合格了，你就会成为一名光荣的国家公务员了。

机场地勤

为乘客提供便利
使机场正常运转

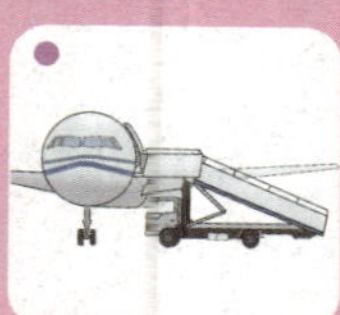

工作场所
机场

使用工具
电脑、安检仪、对讲机等

工作内容
为旅客办理乘机手续、行李打包和收费、行李查询，协助机场和乘客完成中转、安检以及票务相关工作等

基本素质
工作认真负责，安全意识强，具备出色的沟通能力和协调能力

就业 航空公司

怎么成为机场地勤？

机场地勤服务专业课程有语文、计算机以及商务英语等。想成为机场地勤，可能还要掌握一些其他国家的语言，同时还要学习法律法规、礼仪教程、地勤服务以及危险品货物运输等知识。

机场地勤这份职业有意思

机场地勤是为飞行服务的所有地面从业人员。也就是说，你进入机场，看到的工作人员，几乎都属于机场地勤，但是他们分工不同。

1. 值机服务：为旅客办理乘机手续，包括换登机牌、收运旅客的托运行李，以及安排旅客座位等服务。

2. 行李服务：行李打包和收费，以及行李查询。

3. 客桥：就是移动廊桥和飞机的对接，廊桥就是旅客上下飞机的那条大走廊。飞机停稳后，将廊桥移动与飞机舱门对接好，客桥的工作也就完成了。

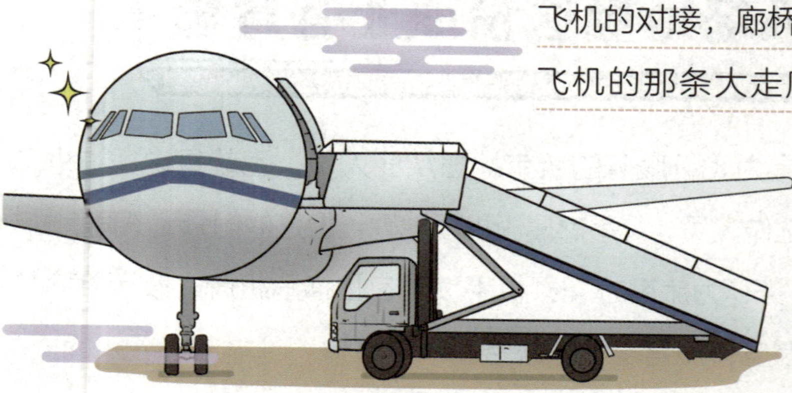

4. 中转服务：从售票环节开始，每个部门都会把中转旅客的姓名、人数、换乘航班情况通知给后续部门。旅客真是方便了不少！

5. 安检服务：这是旅客在登机前必须要接受的一项人身和行李检查项目，这也是为了保证旅客的安全。

6. 票务：包括接听国内、国际机票预订电话，对客户信息进行核对，准备客户的发票并接受付款，等等。

当然，机场地勤不止以上几个岗位，还有行李分拣、机场广播、问询、贵宾接待、消防、安防等岗位。

人力资源专员

为公司招聘到最合适的员工、合理安排每一位员工的工作

工作场所
办公室、校园招聘现场、社会招聘现场

使用工具
电脑办公软件

工作内容
招聘员工、工资管理、员工考核

基本素质
有较强的管理能力、沟通能力和组织协调能力，懂心理学，工作认真细致、有耐心

就业 各企业或单位的人力资源部

怎么成为人力资源专员？

读大学的人力资源专业的学生，主要学习管理学、经济学及人力资源管理方面的基本理论。干人力资源这一行的人，“半路出家”的也不少，时间长了，技能熟练了，就成了专家了。

人力资源专员这份职业有意思

人力资源，英文缩写是HR（Human Resource）。给每个员工制定合理的工资是人力资源专员的工作之一。

人力资源专员不仅管理工资，还负责培训，以便让每个职员提升技能，更加符合公司要求。

同时，考核也是人力资源专员的工作范围。你以为不上学了就不用考试了？错！但这种考核一般是考查你的出勤、项目完成情况等，不会逼着你答卷子。

人力资源专员所在的人力资源部，在古代有个跟它职能很像的部门，就是六部吏、户、礼、兵、刑、工之一的吏部。古代的吏部尚书相当于现在的人力资源经理。人力资源专员自我介绍的时候，可以骄傲地说："在下吏部大臣！"

吏部一开始叫吏曹，是东汉时期设立的，魏晋以后称吏部。吏部的权力可以说非常大，五品以下职务的任免基本都归他们管，还有官员的考核，升官还是贬官，也归他们管。就连科举，很长一段时间都把控在吏部手里。

图书管理员

规范登记、整理图书，熟悉图书馆的每一处，能够快速为读者找到他们想要的图书

工作场所

图书馆

使用工具

电脑、扫码器等

工作内容

选书，买书，给书做好登记、分类，编制书目索引等

基本素质

工作细心，学识丰富，具备出色的管理能力

就业 图书馆

怎么成为图书管理员？

图书管理员可不是想当就能当的。首先，需要系统学习怎么给图书分类；其次，你得学习分析数据，了解社会阅读的流行趋势；除此之外，电脑操作、程序设计、信息技术管理，也需要掌握哦！

图书管理员这份职业有意思

图书管理员的工作可是非常辛苦的！

1. 负责选书、买书，给图书进行登记、分类，编制书目索引，把图书摆上书架。这些工作相当于给图书做“管家”，发放“身份证”和“分配房间”。

2. 负责把图书摆放正确且整齐；对书籍进行定期除尘，要防火、防虫、防潮。这些工作相当于给图书做“护理”，以保证图书干净耐用。

3. 负责图书馆日常管理，审查借阅者身份，添加、删除和修改图书借阅者的基本信息，维护图书馆秩序，防止偷书行为。这些工作相当于给图书做“保镖”，确保图书“书身安全”。

4. 负责检查归还的图书有无残损、污染，依规定对损坏图书的行为进行处理，督促逾期借书者还书，对逾期者按规定罚款。这些工作相当于给图书做“御林军”，保证每一本图书的“书权”。

5. 辅助读者查阅馆藏目录及文献检索，担任文献研究、书目编辑的助手。这些工作相当于给图书做“秘书”，确保图书与读者保持长期、愉快的合作。

图书管理员可以很博学

著名的皇家典籍管理员（相当于图书管理员）司马迁编著了中国第一部纪传体通史《史记》，班固编写了“前四史”之一的《汉书》。

做好图书的宣传大使

图书管理员可不只有面对书籍和顾客的工作哦！有些高级别的图书管理员还非常擅长讲课呢。他们会摇身变成老师，教孩子们怎么阅读，为幼儿园和一年级学生讲故事，推荐书目；为三年级学生讲解图书馆技能课，比如，怎么能找到自己想要的书；同五年级或六年级学生一起研究项目，选好课题，引导孩子们自行在图书馆里寻找资料。

物业工作人员

维护小区的公共设施，保护小区居民的安全

工作场所

所负责的小区内

使用工具

各种维修、清扫工具，对讲机、防护盾等

工作内容

小区的维修、清扫工作，保障小区安全的各项工作等

基本素质

工作细心，安全意识强，有责任心，具备出色的沟通能力、协调能力、管理能力

就业 物业公司

怎么成为物业工作人员?

物业需要很多种类的工作人员，如清洁工、保安、管家，等等，需要具备相应的专业能力，最好还能有一定的管理能力。

物业工作人员这份职业有意思

夜幕降临时，物业保安会变身成最忠实的战士，守护安睡的我们，守卫着每一栋高楼。

他们甚至能精确定位小区里每个垃圾桶的位置，知道灭火器什么时候该换，知道什么时候盗贼最猖狂。利用对讲机、摄像头，保卫着居民的安全。

在静谧的清晨，当业主们正酣睡时，物业早已派出保洁员，夏季扫除积水，冬日清理积雪。

哪家住户的下水道堵住了，给物业打一个电话，就会有专业人士上门维修，效率超级高！

除了小区的住户，住在楼外的花花草草也归他们管。在炎热的夏天，花花草草很容易枯萎，变得无精打采，物业管理员看到就会为它们浇水。冬天，大树在寒风里瑟瑟发抖，他们也会为大树缠上麻绳和刷上涂料御寒。

物业管理员还拥有自己的办事大厅，如果住户哪里需要帮助，就会自己来到办事大厅咨询物业管理员，这样物业管理员就会为他们提供帮助。

古代也有物业

古代的每一座城池都相当于一个“大社区”，唐宋时就有“物业服务”了。唐代的长安城，108坊里住着无数“业主”，政府部门是唯一的物业管理公司，把社区的安全工作做到了滴水不漏。

每个坊都有“坊正”，“坊正”做着坊门进出登记和可疑人员的排查工作，相当于今天每个小区门口的保安和门卫。

宋朝的汴梁城，扮演物业公司角色的依然是政府部门，政府部门要求居民到指定的地点倒垃圾。每天都有牛车来往奔驰，把垃圾集中起来拉到郊外倒掉。住在汴河两岸的“业主”也不能闲着，附近的浮草被他们清理得干干净净。大伙儿一起努力，维护着汴梁城的公共环境。

工作场所

宿舍

使用工具

记录簿、锁、钥匙等

工作内容

负责学生宿舍的管理工作以及宿舍安全问题等

基本素质

工作认真负责、有耐心，掌握安全知识，具备出色的沟通能力、管理能力、协调能力

就业 学校、企业单位

怎么成为宿舍管理员？

具备宿舍管理员应有的基本素质，参与学校或企业单位的应聘，并被录用。

宿舍管理员这份职业有意思

宿管阿姨的一天

《宿管阿姨工作日记》（日常版）

早晨5:00起床，为早起学习的孩子们打开宿舍门。

然后看书一小时，今天看的是杨绛的《我们仨》。学无止境，活到老学到老，即使工作了，也要不断提升自己。

然后到宿舍门外的空地上开始晨练，跳绳、晃呼啦圈……

6:40—7:00吃早饭。早起一定要吃早饭，对身体好。

上午：

按时对宿舍楼进行打扫，及时清理垃圾，拖干净地面，保证宿舍楼环境的干净整洁。保持寝室楼的卫生，提升宿舍整体精神风貌。顺便看看阳台上养的君子兰。

背英语单词，上英语网课。年轻的时候家里条件不好，没钱读书，现在可真方便，通过手机可以听老师讲课！

喂一喂学校宿舍楼下散养的猫。哎哟，孩子们太有爱心了，我都快抱不动猫了。你这只小肥猫，明天快和我一起晨练！

中午：

吃午饭了，天气可真热啊！206的小丫头还给我带了雪糕，孩子们的笑容和雪糕一样甜呢！

下午：

孩子们又去上课啦！我也要上网课好好学习，增长知识。

吃完晚饭散步半小时，和隔壁宿舍的姐妹唠唠嗑。

晚上：

继续看《我们仨》，再温习一下昨天学的英语单词。

打篮球的学生们回来了，也到了快关门的时间了，22:00 关门休息。

《宿管阿姨工作日记》（严肃版）

1. 掌握学生宿舍实际情况，制订工作目标。

2. 负责学生宿舍的管理工作。

3. 负责做好学生入住及离校工作。

4. 负责宿舍安全问题。

装卸搬运工

安全、快速地完成货物的装卸工作

工作场所

需要装卸货物的地点，如码头、机场等

使用工具

推车等

工作内容

把各种货物搬到车上、船上或者飞机上；到了目的地后，再把货物从车上、船上或者飞机上卸下来

基本素质

需要好的体力，有耐力、能吃苦

就业 物流公司、搬家公司和货运公司等

怎么成为装卸搬运工?

要力气大、有耐力、能吃苦，才能应聘装卸搬运工。

装卸搬运工这份职业有意思

装卸搬运工要把各种货物搬到车上、船上或者飞机上。货物到了目的地后，装卸搬运工再把货物从车上、船上或者飞机上卸下来。

装卸搬运工面对的是各种各样的货物，有易碎品、易燃品，还有保鲜品，等等。装卸搬运货物的时候，看货物箱子上的标识，知道它属于哪一类物品，然后选择适宜的方法去搬运物品。

装卸搬运工每天需要搬运的货物数量特别多。为了节省包装资源，一个箱子里会装很多货物，所以箱子就很重，每天都要装卸箱子。

一年四季，装卸搬运工都在辛勤工作。为了保证货物在全国甚至全世界正常流通，工人们必须花很多时间装卸搬运货物。

爆笑知识漫画

什么工作有意思

6 用“爱”发电

绘时光 著绘

甘肃文化出版社

甘肃 · 兰州

图书在版编目（ＣＩＰ）数据

什么工作有意思. 6, 用“爱”发电 / 绘时光著绘
. -- 兰州 : 甘肃文化出版社, 2024.5
（爆笑知识漫画）
ISBN 978-7-5490-2908-2

Ⅰ. ①什… Ⅱ. ①绘… Ⅲ. ①职业－儿童读物 Ⅳ.
①C913.2-49

中国国家版本馆CIP数据核字(2024)第028273号

目录

营养师31

中医36

班主任

在授课的同时，管理好整个班级，让每个学生健康成长

工作场所
教室、办公室

使用工具
教科书、教案、粉笔等

工作内容
教授课程的同时，全面负责一个班的方方面面

基本素质
工作细心、有耐心，具备丰富的知识和良好的思想品质，以及出色的管理能力

就业 学校

怎么成为班主任？

首先，要掌握学科专业知识；其次，要通过教师资格证考试；取得教师资格证后，可以报考想要应聘教师岗位的学校，通过笔试以及面试。

班主任这份职业有意思

班主任是一个班级的灵魂人物，全面负责一个班学生的思想、学习、健康和生活等方方面面的事情。学生有任何问题，最先找到的都是班主任，因此，当班主任可不是简单的工作哦。

一个优秀的班主任需要具备很多基本素质，比如说思想品德端正、文化知识渊博、教育经验丰富、职业素养高、管理能力强，等等。

班主任既是老师又是父母；是灯塔，也是保镖；是领袖，也是保姆。当了班主任，需要管理、照顾的不止一个孩子，是好多个孩子。

班主任要带领班级里的同学在知识的海洋里畅游，同时还要保证同学们没有着凉感冒、磕磕碰碰，这可不是一件容易的事。

如果同学们在知识的海洋里迷路了，班主任肯定会很难过；如果同学们在生活的海洋里掉队了，那班主任也一样难过。这是一份不简单的工作哦。

班主任在进行自己学科的教学工作之余，还要与任课老师沟通班级学生其他学科的学习状况，如果发现哪名学生的学习状态不好，要与他沟通并督促他调整。除此之外，班主任还要做很多日常工作，比如组织集体活动、分配班级任务、下达学校通知、开家长会，等等。总的来说，班主任的工作是很琐碎的。

孔子也是“班主任”

虽然班主任是近代才出现的职位，但是古代有一个人已经开始做了班主任的工作，那就是春秋时代的学者——孔子。因为他不仅教授学生知识，还负责学生性格的养成、个性的发挥、心理的健康，等等。这不正是一个优秀的班主任的工作职责吗？

因材施教很重要。一次，孔子的学生子路问孔子："如果听到一个很好的想法，是不是应该马上就去做呢？"孔子说："长辈比你更有经验，阅历比你丰富，你应该先向他们请教以后再说。"

另一个学生冉求也问孔子同样的问题："如果听到一个很好的想法，是不是应该马上就去做呢？"孔子却答道："当然应该马上去做。"为什么同样的一个问题，孔子面对两个学生却给出了不同的答案呢？

孔子是这样说的："冉求遇事畏缩,所以要鼓励他勇敢；子路遇事轻率，所以要叮嘱他慎重。"孔子这种因材施教的理念让他的每个学生都得到了适合自己的教育，后来他的学生都成了不同类型的人才。

急诊医生

面对突发状况，需要冷静、快速、准确地提出治疗方案

工作场所
医院

使用工具
医疗工具

工作内容
诊治、抢救、监护突然出现严重病症的病人

基本素质
具有扎实的医学知识

就业 医院

怎么成为急诊医生？

考入医学专业院校，系统全面地学习医学知识，毕业后获得医师资格证、医师执业证等，经过急诊专业培训，才能成为一名急诊医生。

急诊医生这份职业有意思

“急诊医生”是医院里医生的一个种类，就是在医院里用最短的时间、用准确的方法抢救急症病人的医生。

在医院里最忙的医生就属急诊医生了。可以用“来无影，去无踪”形容他们。每天值班的急诊医生并不多，但是病人很多，急诊医生只好尽可能快速、准确地先处理好一位病人，接着去处理下一位病人。

急诊医生有两个任务。第一个任务是快速抢救急重症病人，稳定病人的病情。

第二个任务是对病人进行分诊。“分诊”就是急诊医生快速地判断病人的疾病属于哪一科，比如，心脏疾病的病人要联系心血管内科（心内科）的医生来诊治。

急诊医生需要每天24小时待命。

但医生也得休息啊，因此他们的日程是“白夜休休”。什么意思呢？就是上班时间四天一个轮回，比如，第一天上白班的时间是早上8:00—下午8:00，第二天上夜班是下午8:00—第三天早上8:00，第三天早上8:00下夜班休息，第四天也休息。休息完后，就又开始“白夜休休”了。

急诊医生和全科医生一样吗？当然不一样。急诊医生主要抢救急重症病人。全科医生主要是为社区和家庭服务，比如我们的校医就是全科医生。

插播：医生TV——急诊医生运动会

各位观众朋友们大家好，您正在收看的是《医生TV》，这里是“急诊医生‘速度王’争霸赛”决赛现场，今年谁能一举夺得我们的“速度王”称号呢？让我们一起期待吧！

现在向我们走来的是一号选手小急，他虽然是一名急诊科新人，但第一次参加比赛就冲进了决赛，实力很强啊！

二号选手是上一届比赛获得“速度王”称号的老将小诊！

我们可以看到二号选手非常淡定，换白大褂、戴口罩、戴手套的速度很快，给我们的一号选手造成了一点心理压力。这次决赛我们采取三局两胜制。

第一轮是接诊速度比赛。我们可以看到整个急诊科的气氛很紧张，双方都在进行热身活动。“病人”到！我们看到小急作为一名年轻急诊医生抢先一步冲向了担架床。

说时迟那时快，我们的老将小诊也飞奔了过来。老将小诊和新人小急同时检测病人眼睛的对光反射，紧接着对病人快速地进行各项检查。

小急率先说话了：“病人是高血压！”第一个项目，新人小急获胜！

第二轮是分诊速度比赛。这回需要两位比赛选手为病人分诊，找到正确的科室给病人做手术。“病人到”！这回老将小诊决定扳回一局，首先飞奔向病人。小急也紧随其后，开始检查。

老将小诊这回先说话了：“马上联系神经外科！病人头部受伤！”结果出来啦！第二个项目，老将小诊获胜！镜头给到了小诊，他一脸自豪的样子。

第三轮是书写急诊病历。这一轮需要参赛选手快速准确地记录大屏幕中快速滚动的病人情况描述，并书写病历。

镜头给到新人小急，他满脸严肃，眼睛紧紧地盯着大屏幕，一点都不敢放松。镜头切到老将小诊，由于上一轮的获胜，我们的老将心里丝毫不慌，镇定自若地转着笔，盯着大屏幕。

（屏幕滚动开始……滚动完毕！）双方奋笔疾书，老将小诊率先举手示意书写完毕。就差几秒，新人小急也示意完成。

裁判登场！可惜老将书写错误一个病症，所以获得胜利的是我们的新人小急！

本届急诊医生“速度王”是我们的新人小急——一颗冉冉升起的新星！让我们恭喜小急！本次急诊运动会圆满结束！我们明年见！

教师

因材施教，教好每一个学生

工作场所
学校

使用工具
教科书、教案、PPT课件、粉笔等

工作内容
讲课、批改作业等

基本素质
专业的教育资质，较高的综合素质，扎实的学科知识，出色的管理能力、授课能力

就业 学校

怎么成为教师?

精通至少一门学科知识，具有一定的授课能力，考取普通话水平等级证书以及教师资格证，通过所应聘学校的笔试以及面试。

教师这份职业有意思

教师这个职业可谓历史悠久，唐朝韩愈先生就说：老师是传授道理、教授学业、解释疑难问题的人。时至今日，1200多年过去了，如今的教师是什么样的呢？

说起教师，大家想到的可能是带着教材、讲义和粉笔，带领学生徜徉在浩瀚无边的知识海洋中的人，享有漫长的寒暑假，令人羡慕不已。

其实并不是这么简单的。教师不仅要教学，还要管理调皮的学生，教育学生时要把握尺度，因材施教。

有的时候还要准备公开课，与家长交流沟通。

除了这些基本工作之外，他们还得批改作业、写教案，等等，忙得不可开交。

教师修炼手册

第一，基本功要过关。学科知识要精通；一手漂亮的钢笔字、粉笔字也是有必要的；要具备一定的授课能力，成为教师后，设计教案、开展公开课等，都是常态训练。

第二，资格证书少不了。考取教师资格证和普通话水平等级证，要说得清楚“四是四，十是十，十四是十四，四十是四十”。

第三，必须要有职业道德。爱国守法、爱岗敬业、关爱学生、教书育人、为人师表、终身学习。

第四，要有理想信念、有道德情操、有扎实学识、有仁爱之心。这是教书人的根本，也是为师者的追求。

图书编辑

完成具有社会效益以及经济效益的图书，也就是说，完成内容优秀、读者喜欢的图书

工作场所

大部分时间在办公室，有时需要外出见作者或者去印刷厂

使用工具

字典、电脑、笔

工作内容

根据市场需求策划选题，寻找合适的作者、编者，约稿、审稿，等等

基本素质

具备扎实的文字功底和优秀的策划能力，以及较高的电脑操作水平等

就业 出版社、图书文化公司等

怎么成为图书编辑？

想要成为图书编辑，需要有一定的文字功底，还得有一定的策划能力以及编辑能力。必须通过出版专业职业资格考试，获得初级或中级出版编辑资格证，然后进一步提高自己哦！

图书编辑这份职业有意思

什么是图书编辑呢？图书编辑是编辑职业的一种，他们主要的工作任务就是根据市场需求策划选题，或者根据公司策划的选题寻找合适的作者、编者，进行约稿以及审稿，等等。

图书编辑有很多种，有的是文字编辑，有的是美术编辑，有的是策划编辑，有的是流程编辑。

那是不是人人都可以当编辑呢？当然不是啦！

你要有扎实的文字功底，中文专业的最好。

你要有创新思维，能较快接受新事物，踏实肯干。

你要有一定的电脑操作水平，能够使用一些作图、文字编辑工具。

你还要具有广博的学识和专业修养，不间断地学习和汲取新的知识，以适应编辑工作的需要。

有人可能会想，那不就是语文课学的修改病句吗？

图书编辑可不是修改病句那么简单！

图书编辑的工作一点也不轻松，它包括选题策划、组稿、审稿、加工整理、整体设计、校对、图书的宣传、评介等一系列工作。

选题，顾名思义，选一选出版什么主题内容的图书。选题策划，主要是对图书内容与形式进行设计。这可不是随随便便就能确定的，选题提出以后必须经过论证，还要层层审批。

组稿，就是组织撰稿人来写稿。作者选对了，才能创作出好书来。

审读活动贯穿出版工作的全过程。审稿坚持三级审稿制度，即责任编辑初审，编辑室主任复审，社长、总编辑终审。

加工整理的工作主要包括对书稿进行修饰、改错、校订、增删、整理等，可以说是给作者的稿子锦上添花。

整体设计，就是对这个图书的全面设计构思。

质量检查，就是检查图书内容是否有误，是否存在差错，印刷装订是否合规。

图书的宣传、评介，目的是让更多的读者了解图书。这个环节超级重要，能影响图书的销量。

编辑就是伯乐

其实编辑就是伯乐，要有能够发现千里马的慧眼。比如说，《哈利·波特》这套书，因为作者罗琳当时名不见经传，很多编辑都不看好她的稿件，所以都退稿了。直到有一天，一个有远见、有眼光的编辑，发现了这套书稿的价值，出版了《哈利·波特》。结果这套书一经问世，举世瞩目。

出版什么图书，不出版什么图书，反映了编辑人员的素质和修养。

图书编辑是一个“为他人做嫁衣”的工作，他们需要耐得住寂寞和清贫，每日与文字相伴。大多数人只能记住图书作者的名字，罕有读者能记住图书编辑的名字。

他们是一群无名英雄！

校长

管理好学校的各项事务，让每个老师各司其职，让学生有良好的发展

工作场所
学校

使用工具
电脑

工作内容
管理整个学校，使之正常运作

基本素质
工作细心负责，具备出色的领导能力、管理能力和亲和力

就业 学校

怎么成为校长？

具有大学本科以上学历，且拥有高级教师资格证，还要有丰富的学校管理经验。

校长这份职业有意思

中国实行分支型学制，就像一棵大树。

树干部分代表基础教育，即小学教育和初中教育，树枝部分分别代表高等中学教育、中等职业教育、高等职业专科教育和大学本科教育。校长自然也分这几种，小学校长、中学校长、大学校长。他们各有所长，没有明确的上下级关系。

相信很多人很少见到自己学校的校长，因为校长可是个大忙人，负责的工作特别多。首先，他是学校的行政负责人，负责主持召开行政会议，研究决定学校的重大事宜，审批教师和学生档案，等等。

其次，校长要会管理，学校的整体环境都需要校长负责，校园的消防安全、设施更换、食堂的卫生，等等，都在校长的管理监督范围之内。而且，校长还要引领教师们的工作，制定教学方针。

校长还是本校的“外交官”，其他学校的大型活动、教学工作上的交流学习都有校长的身影。

一个优秀的校长能有多大影响呢？如果你觉得也就教出几个好学生，或者是建立一所名校，那你就错了，他们还可能改变时代。

北大校长蔡元培首倡男女共校，现在你身边能有异性同学，可要感谢蔡校长。清华大学校长梅贻琦担任西南联大校长时，日本战机轰炸校园，他在操场上，从容指挥学生有序躲避，成为中国知识分子伟岸品格的象征。

想必你也看出来了，校长可不是好当的，要是你真想奋斗成校长，你至少要有大学本科学历和校长任职资格证书，还得有五年以上的教师经历和三年以上的教育管理经历。校长的职务是相关国家机关委任的，可不是想当就能当的。

营养师

提供合理、健康的饮食方案

工作场所

办公室

使用工具

各种检测工具、食谱等

工作内容

膳食调查和评价、人体营养状况测定、膳食指导等

基本素质

具备出色的专业能力、口头表达能力、理解能力

就业 幼儿园、学校、社区、餐饮单位、营养品企业等

怎么成为营养师?

掌握营养专业领域的知识，并且有一定的实践经验。如果大学攻读的专业与生物食品有关，就可以靠学位证就职；如果无关的话，就需要考取相关的证书。

营养师这份职业有意思

营养师是营养方面的专家，不过，他们可绝不是简简单单地做营养餐。其实，营养师们要掌握的知识很多，包括营养检测、营养强化以及营养评估等方方面面的知识。可以说，这是一个综合性的职业。

营养师的主要工作是对食物进行调查以及检测人的营养状况。也就是说，他们要能够判断某些食物对人哪儿好，对人哪儿不好；也要负责检测某个人缺什么营养，然后教对方吃什么、怎么吃。

每个人的体质不一样，吃的方案也千差万别。

除了这些事儿，营养师能干的工作还有很多。

在医院做临床营养师、临床营养护士、临床营养技师；在健康中心做专家助理、健康咨询师。

在工厂当食品开发员……哪里有吃的，哪里就有营养师的身影。

对营养师来说，配制营养餐那可是小菜一碟。营养餐是用来调整营养的，人吃得健康才能少生病。

现代人身体的很多问题都是吃出来的。

考取营养师不仅自己获益，还能帮助身边的人。

古代也有营养师

在中国，周朝就已经出现类似营养师的职业了，那可是两千多年前。当然，那时候这个职业还不叫营养师，叫“食医”。食医是古代负责宫里饮食和卫生的官。

周朝设有食医机构，专门为王公贵族开发食疗食谱。食医的工作是研究一年四季的季节变化与食物之间的关系，然后根据这些变化和食物的寒热来调整人们吃的东西，让人们通过吃来保持健康。

《周礼》上是这样形容食医的：“掌和王之六食、六饮、六膳、百馐、百酱、八珍之齐。”也就是说，食医管理着王室的六种主食、六种饮料、六种肉类、上百种美味佳肴、上百种调味品、八种珍贵的食品。哎呀，这比满汉全席108道菜还多呢，古人比我们还会养生，还懂吃呀！

中医

用中医理论知识和方法治疗每一位病人

工作场所

中医院、药房等

使用工具

脉枕、听诊器、毫针等医疗工具

工作内容

对患者病情进行诊断和治疗

基本素质

具备扎实全面的中医知识，以及良好的沟通能力，有从医资格

就业地点 中医院等

怎么成为中医？

考入中医相关专业院校，系统全面地学习中医知识并毕业，之后通过中医执业医师考试获得执业资格，才可以成为中医。

中医这份职业有意思

在五千年的漫长历史中，智慧的中国人民创造了许许多多的瑰宝，中医就是其中之一。中医在我国有着悠久的历史，但在很久以前并没有明确的文字记载，有的只是神农尝百草和伏羲制九针的传说，所以人们认为神农和伏羲分别是中药学和针灸学的祖师爷。

中医诊疗特色

1. 四诊法

西医的主要诊断手段是拍X光、抽血化验等。中医也有特色诊病手段——四诊法。

第一，望诊。肉眼虽然看不到五脏六腑的病变，但是可以看到患者的神情、体态，还有舌象，通过现象看本质，可以了解病人的状况。

第二，闻诊。闻一闻有什么异味？对，但是不全对，这里的闻还包括听声音。听患者说话声音的高低、强弱、清浊、缓急。

第三，问诊。这个方法最重要，了解的情况也最多。就像人们所知道的，病人需要向大夫报告发病的时间、经过、症状、之前有没有出现过类似的病症？为了治好病人，甚至还需要了解患者的生活习惯、饮食爱好。

第四，切诊。大夫用手指前端按住病人的手腕，根据脉搏的频率、强度了解病人的病变。

诊断结束后，就到了开药方的环节。

中医开药方，就是要把身体里出现的不平衡问题解决掉。中药有上千种，最讲究配伍，谁和谁对脾气，谁和谁天生不和，谁激活谁，谁与谁相克，这里面的学问高深得很呢！

中医的治疗手段多种多样。

最为人熟知的就是中药了。

除此之外，还有针灸、推拿、拔罐，也是中医特有的治疗手段。

2. 针灸

针灸一词包含了两个方面的内容：一是针法，二是灸法。

针法不是胡乱把针扎进身体里，扎针的时候也要讲究方法，否则原来的病症没有治好，反而会加重。

灸法是用燃烧的艾绒、艾条熏灼穴位。熏艾可不是为了燃烧卡路里，而是人们发现身体疼痛的部位经过火烘烤以后，竟然没有那么疼了。用来烘烤的材料主要是艾叶，艾叶加工、储藏都很方便，也容易燃烧，重要的是气味也好闻。治疗的时候，中医根据病情确定是哪一经脉、哪一脏腑出现了问题，然后制定对应的配穴处方，最后才进行熏灼。

3. 推拿技术

中医的推拿技术也被称为按摩，推拿是根据中医理论对特定的部位施加手法，比如伤科八法：摸、接、端、提、按、摩、推、拿。适当的推拿对身体有很多好处，推拿是人类古老的疗法之一。秦汉时期就已经有了关于按摩的书籍《黄帝岐伯按摩经》，可惜这本书已经失传。同一时期的《黄帝内经》也有很多关于按摩的内容。东汉名医张仲景在他的《伤寒杂病论》里又改进了按摩的方法，他把按摩和膏药结合在一起变成膏摩。具体做法就是把膏药先涂抹在患者的身上，然后结合按摩手法擦揉。陶弘景的《养性延命录》里有成套的按摩动作：啄齿、熨眼、按目、牵耳、梳头、摩面、擦身等。在古代，还有给儿童按摩的方法，比如明朝的《小儿

按摩经》和《小儿推拿秘诀》。推拿这个称呼也是在这一时期形成的。

4. 拔罐

拔罐，要找一个口子平整并且光滑的罐子，用镊子捏住一团燃烧的酒精棉丢进去，然后快速把罐子扣在选定的穴位上。把罐子取下来的时候要掌握技巧，不能硬往外拔，需要一手压住罐子周围的皮肤，让空气进入罐内，就很容易取下罐子。

插播：中医经典

《黄帝内经》简称《内经》，是中医专业学生的必读书目，因为这本书讲的是中医基础理论，中医学发展史上的很多学说都是从《内经》的理论发展起来的。其内容丰富，包含脏腑、经络、病因、诊法、治则、针灸、方药等，还涉及人体的生理、病理和诊断。《黄帝内经》相传为黄帝所作。但后世认为《黄帝内经》成书于西汉，是由中国历代医家传承增补发展创作而来。

《神农本草经》别称《神农百草经》，简称《本草经》。成书于东汉时期。整本书一共收集了365种药物。其中，植物药252种、动物药67种、矿物药46种。这本书开创了中国古代医学史上最早的药物分类方法。具体来说，就是按照药物的功效和使用目的分为上、中、下三类。对于医药学有着重要影响，奠定了中国古代的药物学基础。

《伤寒杂病论》的作者是张仲景。后人将其整理为《伤寒论》和《金匮要略》。《伤寒杂病论》是外感热病的专著。书中把外感疾病表现出来的各种症状进行归纳总结，再经过综合运用、分析，最后制定出简明实用的药方。

《千金要方》又称《备急千金要方》，作者是孙思邈，被誉为中国最早的综合性临床百科全书。其内容涉及胎、产、经、带以及小儿养护、诊治等，奠定了中医妇儿科的基础。这本书首次提到白癜风、结核、脐风，这些名称至今还在使用。

《本草纲目》是李时珍用30年的时间创作出的医学巨著，全书共200余万字。其记录了1892种药物，收集了11096个医方，附有插图1109幅。这本书把动物药分成六部，每一部又划分为很多类。首次记录了铅中毒、汞中毒、一氧化碳中毒、肝吸虫病，以及冰块冷敷退热和蒸汽消毒方法。

爆笑知识漫画

什么工作有意思

7 创意智多星

绘时光 著绘

甘肃文化出版社

甘肃·兰州

图书在版编目（CIP）数据

什么工作有意思. 7, 创意智多星 / 绘时光著绘. -- 兰州 : 甘肃文化出版社, 2024.5
（爆笑知识漫画）
ISBN 978-7-5490-2908-2

Ⅰ. ①什… Ⅱ. ①绘… Ⅲ. ①职业—儿童读物 Ⅳ. ①C913.2-49

中国国家版本馆CIP数据核字(2024)第028272号

目录

让顾客梦想中的婚礼成真

设计出具有美感、各方面都很完善的建筑

完成与表演完美贴合的舞美设计

设计出让人喜爱的珠宝

包装设计师

完成吸引顾客的、适合产品的包装设计

工作场所

办公室、家里，也常常在室外找灵感

使用工具

图纸、画笔、手绘板等

工作内容

从草图到最后成稿的绘制，完成产品的包装设计

基本素质

优秀的设计能力、创造力和绘画能力

就业 设计工作室等

怎么成为包装设计师?

考入高校的相关专业，通过系统学习，毕业后有机会成为包装设计师。

包装设计师这份职业有意思

这个职业很重要，为什么这么说呢？你看无论大小商品都有外包装。包装是商品的“脸”，要好看，要吸引人，才能在同类产品中脱颖而出，获得人们的青睐；有时还需要考虑商品远距离运输，比如吸塑包装能保护易碎物品，防锈包装能保护铁制品，还有减震包装、防水包装、防盗包装……都各有用途。

沅（yuán）陵元墓位于湖南西北部的沅陵县，根据墓志记载，这是元代的遗迹。在沅陵元墓出土的物品中居然有商品包装纸，上面写着“请认红字门首高牌为记”这样典型的广告用语，看来元代就有包装设计了。

包装设计师的工作地点比较自由，他们可以在办公室内设计创作，也可以在街头巷尾和大自然中获得灵感。他们要了解人们的实际生活需求，将其融入包装设计中，成就最好的产品。

包装设计师的设计可以保护商品、为消费者提供便利，甚至有利于销售。用绿色印花的纸包装还是粉色镂空的纸包装？用木盒包装还是用纸盒包装？这些可都大有讲究！

包装设计很奇妙。包装设计师的追求是让实用与美观完美结合。他们在进行物品外包装的设计时，会从形状、大小、材质上根据商品的实际情况进行考量，还要思考如何巧妙地展现品牌的商标。

当前，包装设计倡导绿色包装与材料创新，运用绿色工艺以保护环境，节约资源；鼓励包装设计师使用轻薄的、可回收再生的、可降解、可重复使用的包装材料。

陈列师

把商品的价值通过视觉效果传达给顾客

工作场所
店铺、艺术展等

使用工具
笔记本、相机

工作内容
通过搭配、摆设提高商品的美感

基本素质
了解时尚，有创意，还要具备较高的审美水平

就业 店铺、艺术展等

怎么成为陈列师?

除了学习陈列相关知识，想要成为陈列师还要考取相关的职业资格证哦。

陈列师这份职业有意思

陈列师这个职业出现的时间并不短，但是大众对他们充满了误解。也许大多数陈列师都经历过以下绝望的对话：

陈列师只有服装行业才有吗？不是的！有商品的地方就有陈列。陈列师这个职业兴起于欧洲，虽然说最初确实是做服装展示的，但其实陈列师无处不在！

比如，餐厅的摆盘、路边水果摊的水果摆设、家里的物品摆放，其实都可以说是陈列。

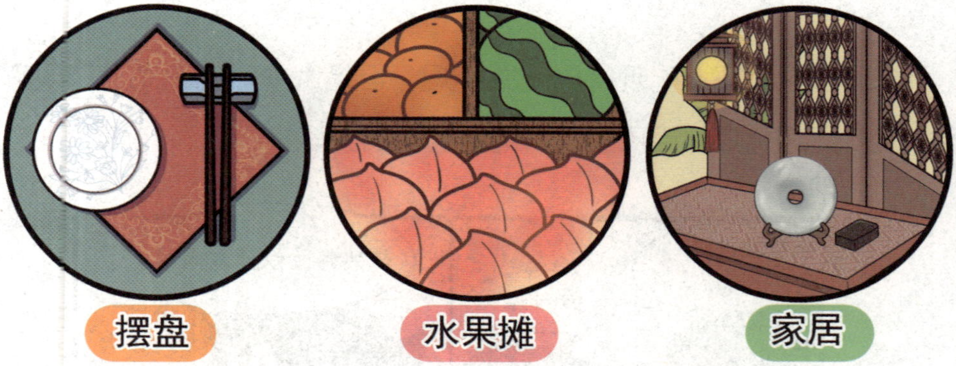

陈列师只做陈列工作吗？不，陈列只是基础，陈列师可以成为品牌经理、艺术总监、时尚买手，除此之外，还可以自己开店铺。

陈列师工作很轻松吗？很多人会觉得陈列师无非就是动动橱窗、搬搬货架、给模特换换衣服。事实上，除了摆货，他们还要做搭配，还会在店铺里检查商品信息。

我的陈列师朋友

有个做陈列师的朋友，你会有什么感受？

陈列师总是很忙，不过忙中却学习了很多知识，所以他们会给你讲很多有趣的见闻。有这样的朋友，生活怎么可能无聊？

再也不用担心自己家里很乱了，整理这种小事只要交给她，你的家里一定会整整齐齐、干干净净的。

陈列师也是很考验摄影功力的，算半个摄影师，你再也不用怕没人帮你拍照了。

服装设计师

设计出有设计感、独创性的漂亮服装

工作场所

办公室、家里、室外（寻找灵感）

使用工具

画笔、纸、平板电脑、服装材料等

工作内容

通过画稿及制作，完成原创的服装设计工作

基本素质

优秀的创作能力、绘画能力、设计能力

就业 服装设计公司、各大服装品牌公司等

怎么成为服装设计师？

想要成为服装设计师，首先需要学历，可以通过考取服装设计专业的院校并顺利毕业来完成；其次需要有一定的资历，这个可以在毕业后的实习以及工作中去积累；最后还需要通过服装设计师资格考试。

服装设计师这份职业有意思

用通俗易懂的语言来说，服装设计师类似于以前的裁缝，不过他们是“高级裁缝”，不但会做衣服，而且会设计衣服。

服装设计师必须要有扎实的美学基础。服装设计师分为初、中、高三个等级。要想成为高级服装设计师，需要有一定的学历、资历哦!

服装设计师资格考试分为笔试与操作两部分，主要涉及服装设计原理与基础知识、服装设计与表现、服饰图案、服装款式设计以及礼服（创意服装）设计与立体裁剪等。考试的时候，服装设计师要充分显示自己的设计能力与创造性。

环境艺术设计师

完成富有创造力的、美丽的环境艺术设计

工作场所
室内、室外（建筑场地）

使用工具
图纸、画笔、手绘板、平板电脑等

工作内容
画草图、画平面图，完成环境艺术设计

基本素质
工作认真仔细，掌握一定的建筑知识，具备出色的创造力和绘画能力

就业 设计工作室等

怎么成为环境艺术设计师?

考入院校的相关专业，系统全面地学习环境艺术设计，毕业后有机会成为环境艺术设计师。

环境艺术设计师这份职业有意思

环境艺术设计师是那些能够运用环境艺术设计基本理论和专业知识把环境艺术设计创造性应用到实际生活中的人才。环境艺术设计主要分为环境景观设计、建筑设计、园林设计、规划设计以及施工技术与管理等。

环境艺术设计师在赶稿画图时要很细致。设计图纸要求按比例缩小，误差通常按毫米计算。1 毫米有多长？10 个 1 毫米是 1 厘米，这份工作可是要非常小心仔细的，因为严丝合缝很重要！完成一个设计要经历画草图、画平面图等，最后还要结合实际数据审核图纸。

团队合作不可少。就像一个篱笆需要三个桩才能立起来，无论一座桥、一条铁路，还是一个公园，它从无到有，都要经历一个漫长的过程，需要设计团队一起努力才能完成！在这个庞大队伍中，设计师们可以根据自己的特长和所学，选择室内设计、庭院设计、计算机辅助设计以及家具设计，等等，共同配合完成设计。

赶稿知识一箩筐

赶稿要有明确的目标。了解顾客对此次设计的需求，明确画稿要画桥梁、房子还是其他。赶稿要有文化借鉴与引导。在不同的地区有不同的美学追求，自然就有着不同的环境艺术设计理念。比如中式对称之美——优雅端庄、沉稳踏实，北京四合院便运用了对称设计。

会展策划师

策划成功的展会

工作场所
办公室、展会现场

使用工具
电脑

工作内容
对会展项目进行市场调研、方案策划、销售和运营管理等

基本素质
具备优秀的策划能力、设计能力

就业 博物馆、美术馆等

怎么成为会展策划师？

报考一些高校设立的会展经济与管理、会展艺术与技术专业，学习相关知识并毕业。熟悉会展基本流程，能独立完成会展的策划工作，还要具备良好的沟通能力和创新能力，以及团队合作能力。

会展策划师这份职业有意思

会展策划师是做什么工作的？实际上，会展策划师的本职工作是从事会展的市场调研、方案策划、销售和运营管理等活动。

会展，就是借助一个展会，把一个地区、一个城市乃至一个国家某些领域的最好的、最先进的东西拿出来展示，让公众观看、挑选、观摩等。因此，如果把城市比作一本书，那会展就是书的封面，而会展策划师就是设计封面的作者。这么看，会展策划师是不是很重要？

在实际的会展策划工作中，要注意的事项可多了！

第一，要精心选择产品，一定要又稳又准地抓住观摩者的心，挑选能让人过目不忘的展品。

第二，展台设计符合展会特点。根据不同的展会要有不同的设计风格及特点，要能吸引观众，灯光、音响、投影、构图等，都是会展策划师需要考量的因素。一场好的会展，需要策划师的精心安排，不是那么轻易就能成功的。

第三，培训合格的服务人员。会展服务人员经过会展策划师团队的专门培训后，对展台的全部内容有了充分的了解，此时如果观摩者有问题询问，工作人员也能对答如流。

婚礼策划师

让顾客梦想中的婚礼成真

工作场所
办公室、婚礼现场

使用工具
电脑、纸、笔等

工作内容
婚礼筹备以及场景设计

基本素质
熟知婚礼相关的文化知识和各地婚礼习俗，具备优秀的组织能力、策划能力、协调能力、应变能力、沟通能力及亲和力，还要有过人的体力

就业　婚庆公司

怎么成为婚礼策划师？

婚礼策划师必须“多才多艺”，要学的知识也是相当广泛，灯光、舞美、音乐、花艺、销售技巧，等等。想成为婚礼策划师，可以学习有关活动策划、室内设计等领域的专业知识。

婚礼策划师这份职业有意思

婚礼策划小技能

关于婚礼，请婚礼策划师帮忙出谋划策能让人省心很多，他们能帮忙做的可以归类成两部分：一是婚礼筹备；二是婚礼场景设计。

婚礼筹备包括寻找婚礼场地、协调婚礼相关人员和采购物资等，这就要求婚礼策划师要有良好的沟通能力。婚礼进行中有什么突发问题时，婚礼策划师也要能从容应对。

婚礼现场设计不仅包括花艺、舞美、婚纱及配饰，甚至连礼花什么时候放、什么时候敬茶、甜品怎么安排都由婚礼策划师来负责！一场婚礼，婚礼策划师要从开始筹备忙到婚礼结束，很是辛苦，因此，婚礼策划师还需要有好的体力。

婚礼策划师又称“造梦师”，让梦中的婚礼成真。婚礼策划师要保证一场又一场的婚礼既独特，又美好。婚礼中最重要的永远是新郎和新娘，婚礼可不是走过场，而是新人表达自己的意愿、当众抒发幸福感的场合。

建筑师

设计出具有美感、各方面都很完善的建筑

工作场所
办公室、建筑工地、其他室外场所（寻找灵感）

使用工具
测量工具、手绘板、笔、纸等

工作内容
设计建筑，绘制图纸，去施工现场量尺，做效果图，完成建筑的平面图、立面图以及剖面图等

基本素质
扎实的建筑专业知识、出色的绘画能力和设计能力

就业 建筑工作室

怎么成为建筑师?

考入大学的建筑专业，系统学习相关知识，毕业后不断积累经验并考取相关的资格证书，这样才有机会成为建筑师。

建筑师这份职业有意思

建筑师就是设计建筑的人，包括建筑里的房间位置以及水电分布等。建筑师对美和细节有执着的追求，设计要有创意，设计稿通常要改几遍，直到近乎完美。

建筑师设计建筑的时候会使用各种专业术语，比如“立面”，就是建筑的外观，要设计出好看的建筑外观，就不能千篇一律；再比如“体块”，就是建筑物的形状；还有“城市肌理”，指的是城市的历史、风格、文化底蕴。

建筑行业也设置了很多奖项，比如普利兹克奖（这是一项终身成就奖，被认为是“建筑界的诺贝尔奖”）、国际建筑师协会金奖、英国皇家建筑师学会金牌奖、美国建筑师协会金奖、日本国家艺术大奖。国内梁思成奖是授予中国建筑师的最高荣誉奖；WA 中国建筑奖，是清华大学《世界建筑》杂志每两年颁发一次的建筑单项奖。

优秀的建筑师善于运用钢材、混凝土、玻璃和石材，如现代主义建筑大师贝聿铭，他设计的代表建筑有法国巴黎卢浮宫玻璃金字塔、北京香山饭店、中国香港中国银行大厦、苏州博物馆，等等。他设计的波士顿肯尼迪图书馆被誉为美国建筑史上的杰出作品。费城社交山大楼的设计使贝聿铭获得了“人民建筑师”的称号。卢浮宫扩建工程完工后，人们赞扬这位东方设计师的独到设计“征服了巴黎”。他还曾荣获“建筑界的诺贝尔奖”——普利兹克奖。你想和他一样吗？

舞台设计师

完成与表演完美贴合的舞美设计

工作场所

办公室、表演现场

使用工具

电脑、画笔、电子画板、各种舞台设备

工作内容

看舞台表演的文本，了解表演主题，与演员和导演沟通，实地考察舞台，设计出符合表演情景的舞台环境

基本素质

熟练使用电脑软件和舞台设备，具备出色的舞台设计能力和抗压能力

就业 剧团、电视台、舞蹈团等

怎么成为舞台设计师?

通过专业学习，熟悉并会运用舞台设备（如烟机、泡泡机、雪花机、干冰喷射器，等等），掌握电脑软件的操作和舞美设计，了解舞美所需材料的制作工艺……这些都掌握之后，才有机会成为舞台设计师。

舞台设计师这份职业有意思

舞台设计师起源于剧院，这个职业在很久以前就存在了。舞台设计师要像魔术师一样为舞台上表演戏剧的演员们“变”出符合表演情景的舞台环境，像我们看舞台剧时突然听到的打雷声、呼呼的刮风声，看到的五颜六色、变化多样的灯光，还有烟雾缭绕等需要借助道具实现的有趣的情景，都属于舞台设计师的创作范畴！

俗话说得好，红花得有绿叶配，演员们在舞台上的表演就像一朵孤零零的小红花，显得有些单调，这个时候就需要舞台设计师脑洞大开，设计一个能够给表演锦上添花的舞台，让表演看起来更加丰富。

在开始设计之前，设计师们要充分了解这场表演的主题，就跟我们写作文一样，不然就跑题了。

接着，他们要去实地考察舞台，了解舞台的大小、方位以及形状等信息。

之后，他们就要大显身手了，他们的那些奇思妙想就像奔流的河水一样源源不绝，变成舞台设计的平面图和立体图，大大小小的各种设备齐上阵，灯光、音响、道具、舞台布景、后期制作，等等，全都不在话下！

最后，一个满足客户要求、满足表演主题和情景的舞台设计就大功告成啦！

合格的舞台设计师得有强大的内心！他们就像排兵布阵一样，运用自己的创意和灵感把舞台布置得活灵活现。

舞台设计师还需要对舞台表演足够热爱、足够了解。一个好的舞台设计师能够运用各种技术手段和舞台设计帮助导演和演员“说话”。

这样，演员站在设计好的舞台上便可以更好地施展自己的演技；节目的观赏效果也会更上一层楼；观众们也会有身临其境的感觉，感受舞台上表演者开心、伤心、恐惧、紧张等情绪。

当然，舞台的设计应当是一种满足演员表演的空间设计，是为了让观众将注意力集中在演员的表演上面，从而获得理想的观赏效果而进行设计的，可不能为了追求美轮美奂的舞台设计效果而“抢戏”哟！

合格的舞台设计师要和导演、演员们反复探讨，听取意见和建议，把自己在图纸、模型上的设计变成真实的舞台。

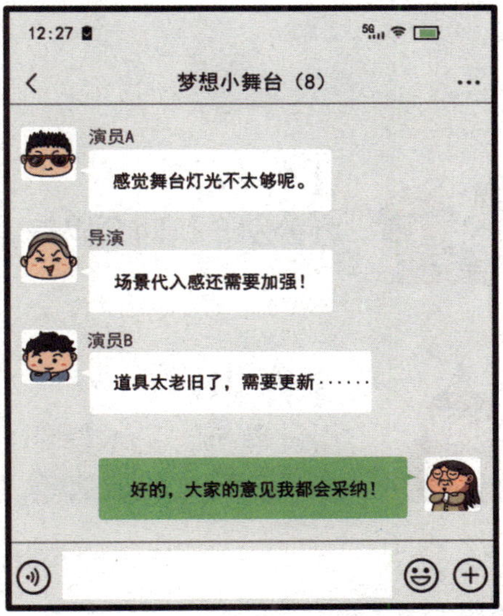

珠宝设计师

设计出让人喜爱的珠宝

工作场所

办公室，有时会出差

使用工具

图纸、笔

工作内容

设计首饰、艺术摆件，加工金银宝石，等等

基本素质

掌握专业的珠宝玉石知识，具有设计灵感、较高的审美水平和绘图水平

就业 珠宝公司、珠宝设计院

怎么成为珠宝设计师?

可以通过考入院校的珠宝设计专业，系统学习首饰制作工艺、首饰成型基本技法、首饰结构与表现、首饰创意与概念开发，以及外出实践，全面提高珠宝设计方面的综合能力。

珠宝设计师这份职业有意思

珠宝设计师由来已久，他们主要从事服装配件设计，也就是设计首饰、艺术摆件、金银宝石，等等，和我们的生活息息相关。

自原始社会开始，首饰就出现了。进入现代，珠宝首饰更是成为人们生活中的重要配饰！

现在，人们对珠宝设计师的需求越来越多，珠宝设计师大多在各大珠宝公司、珠宝设计院工作。此外，在发饰和服装等行业，珠宝设计师也可以施展拳脚，在发饰和服装上加入珠宝设计元素。

珠宝设计图主要画在纸上或电脑上，所以过硬的绘画技巧是珠宝设计的基础之一。

珠宝的种类繁多且各有特色，常见的宝石包括钻石、红宝石、绿宝石以及蓝宝石等；半宝石包括碧玺、石榴石、尖晶石以及海蓝宝石等；玉石包括和田玉、翡翠等；有机宝石包括珍珠、珊瑚、琥珀以及蜜蜡等。使用能够准确表达自己设计理念的宝石，是珠宝设计的另外一个基础。

首饰之间如何才能搭配合理，谁和谁在一起能和谐又美丽，也是珠宝设计师要考虑的问题。

要善于发现美，珠宝设计师的灵感可以来自很多地方，如藤蔓、蝴蝶、水火、星月，等等。

优秀的珠宝设计师会形成自己的设计风格，能够抓住不同首饰的特点，根据需要设计出优秀的作品。

爆笑知识漫画

什么工作有意思

8 逻辑与表达

绘时光 著绘

甘肃文化出版社

甘肃·兰州

图书在版编目（CIP）数据

什么工作有意思. 8, 逻辑与表达 / 绘时光著绘. -- 兰州 : 甘肃文化出版社, 2024.5
（爆笑知识漫画）
ISBN 978-7-5490-2908-2

Ⅰ. ①什… Ⅱ. ①绘… Ⅲ. ①职业－儿童读物 Ⅳ. ①C913.2-49

中国国家版本馆CIP数据核字(2024)第028270号

目录

依法帮助当事人进行诉讼、辩护，以及处理相关法律事务

使拍卖会上的竞拍达到让人满意的价格和效果

得体而熟练地向听障人士传达完整正确的信息

准确无误地回答所有问题

博物馆解说员

全面了解博物馆的所有展品，并将所有信息传达给游客

工作场所

博物馆

使用工具

麦克风

工作内容

为旅客讲解博物馆内展品的相关信息

基本素质

具备较高的知识储备量和普通话水平，拥有出色的语言表达能力和记忆力，至少掌握一门外语

就业 博物馆

怎么成为博物馆解说员？

首先，普通话要标准；其次，有的博物馆要求讲解员至少会一门外语；再次，博物馆解说员还得拥有丰富的专业知识，包括地理、历史、风俗、文化以及科学知识，等等。

博物馆解说员这份职业有意思

博物馆解说员，简单说就是那些文物的“发言人”。每天主要的工作就是给博物馆里的游客介绍馆内藏品的历史，偶尔也讲讲文物的“八卦”，比如，介绍一下这个小铜镜是哪个皇后、皇太后用过的。

博物馆解说员的解说内容是和博物馆的类型有关的，比如，海洋生物类的博物馆解说员擅长讲解海底的各种生物。

航空和航天类博物馆解说员擅长讲解飞机、火箭和卫星的知识，介绍“嫦娥奔月”故事变为现实的过程。

历史类的博物馆解说员擅长通过一件兵器、用具去讲解历史（战火纷飞或平安喜乐）。

除了这些之外，还有各种风俗类的博物馆，以及各种音乐、美术类的博物馆，这里的解说员擅长讲解风俗、音乐以及美术知识。

作为一名博物馆解说员，要能把藏品如数家珍地讲解给大家，文物背后的典故，哪个文物放在哪个展柜，必须非常熟悉。

作为博物馆解说员，应掌握全馆结构布局，包括馆内的安全出口，也得能随口答出。

一个博物馆里游客来来往往，解说员讲了又讲，一遍又一遍重复讲解，这也是对他们的一种考验。

不过，解说员要温故而知新，只有这样才能越讲越熟练，越讲越深刻。当越讲越觉得自己了解得还不够多时，就会主动学习，深入了解，最终成为一名优秀解说员。

你可能会觉得博物馆解说员的工作是份枯燥、重复的活儿，但这也是一份有温度的工作。当游客从解说员的讲解中了解了一件物品的过往，了解了一段历史的演变，游客便会对其产生敬畏之情，仿佛与文物有某种联系，文物的价值便得以体现，这也是解说员的工作价值所在。

工作场所

各地旅游景点

使用工具

麦克风、小旗子

工作内容

引导游客感受自然之美、古迹之韵、异域风情，解决突发问题

基本素质

对工作充满热情，服务意识强，具备丰富的历史、文化知识，具有出色的讲解能力和组织协调能力，最好会一门外语

就业 旅行社、景区、博物馆等

怎么成为导游?

首先，你需要报考导游专业，学习相应的导游知识，例如，学习各大遗址古迹的历史、文化，将它们融会贯通，做到能以精妙之语娓娓道来；其次，你需要考取导游证，做到持证上岗；最后，导游需要拓展自己多方面的技能，既要懂得阳春白雪，还要懂得下里巴人，方能成为一位金牌导游!

导游这份职业有意思

导游工作的两大任务

常有人说导游是“一张嘴，两条腿，走遍山山和水水”。

一张嘴要说。说什么？要说山道水。怎么说？要洋洋洒洒，尽情发挥；要指点江山，激扬文字；要热情洋溢，慷慨激昂；要侠骨柔情，荡气回肠。

两条腿要走。怎么走？就是不走回头路，不走重复路，不走冤枉路，不走失败路。引领游客观赏祖国的名胜古迹，走遍祖国的山山水水。

导游职业三大准则

宣传准则：要向游客宣传祖国的大好河山，传播健康知识，弘扬优秀文化，促进精神文明建设。

安全准则：要注意游客行车安全、旅游安全、食宿安全和人身安全。

服务准则：要全心全意、真心实意地对待游客，要满腔热诚，以诚待人。

插播：选谁呢?

1号导游

亲爱的游客们，大家好呀！我是你们的1号导游，很高兴能在茫茫人海中与大家相遇，我非常荣幸能为大家服务，我可是咱旅行社最有才的导游，请大家投我一票，跟随我一起进行本次旅行。我一定会让大家玩得开心、玩得尽兴。

2号导游

大家好！我是你们的2号导游，有一首歌曲叫《常回家看看》，有一种渴望叫常出去转转，希望和大家一起共赏河山。

3号导游

正式介绍一下，我是咱们旅行社最多才多艺的导游，做事大大方方、雷厉风行，说话响响亮亮、干干脆脆，办事利利落落、说走就走。希望大家投我一票。

工作场所
办公室、发布会现场

使用工具
发言稿、话筒

工作内容
准备问题的回答稿，在发布会上发言，传达信息

基本素质
普通话标准，有良好的语言表达能力和敏捷的应变能力

就业 政府机关和企业的宣传部门，或各部门正职、副职

怎么成为发言人？

首先，要反应灵敏，面对记者或者民众提出的问题能够马上回答出来；其次，要有良好的语言表达能力，回答问题时让人能够明白你表达的意思。

发言人这份职业有意思

“发言人”是代表政府机关或者企业发表意见的人。他们也是信息传递者，在召开新闻发布会的时候作为新闻发言人，传递政府机构或者企业的意见、决定。

政府机构发言人的任务是在有重大事变或者问题时，举行新闻发布会，提供事实，发表政府机构的观点。企业新闻发言人的任务是要在新闻发布会上准确报道自己的企业，宣传和维护自己企业的形象。

发言人的工作并不轻松。发言前，要根据收集的问题马不停蹄地准备回答稿，要时刻关注新闻时事，因此，一个发言人的一天可能是在听新闻中度过的。

一个发言人的一天，可能是这样的：刷牙在看新闻，吃饭在看新闻，闲暇时间在听新闻广播。

法官

根据事实，依法对案件做出合理的审判

工作场所

法院

使用工具

法槌、卷宗、法典等

工作内容

负责审讯和主持判决案件

基本素质

法学专业毕业，具备扎实的法学知识、公平公正的职业操守、敏锐的洞察力和判断力

就业 法院

怎么成为法官?

报考普通高等院校的法律专业，全面系统地学习法律知识，取得学士及以上学位后，通过国家司法考试和公务员考试，才有机会成为法官。

法官这份职业有意思

法官依照法律规定的程序产生，在司法机关中，法官是依法行使国家审判权的审判人员，是正式受命负责审讯和主持判决案件的人员。

法官是一个独立的、中立的、享有法定裁判权的第三方。中国的法官级别分为首席大法官、大法官、高级法官、法官四等，共十二级。

法官等级的确定，是以法官所任职务、德才表现、业务水平、审判工作的成绩和工作年限为依据。

法官的第一项职责和义务是严格遵守宪法和法律；第二是公平公正，审判案件不能随随便便，必须用事实说话，不能放走坏人、冤枉好人；第三是依法给予诉讼参与人诉讼权利，认真听取诉讼请求，然后再依法审讯；第四是维护好国家利益，公共利益，自然人、法人和其他组织的合法权益；第五是不贪图钱财利益，恪守职业道德，保护国家秘密和审判工作秘密，最重要的一点是接受法律和人民群众监督，问心无愧，真正做到身正不怕影子斜！

法官每年也是有考核的，不论是奖励还是惩罚都有法可依。《中华人民共和国法官法》就规定了对法官考核的要求，对法官的考核内容通常包括：审判工作实绩、思想品德、审判业务和法学理论水平、工作态度和审判作风。年度考核结果分为优秀、称职、不称职三个等级。对法官的奖惩、培训、免职、辞退以及调整等级和工资，都要以年度考核的结果为依据。

翻译

把一种语言转变成另一种语言的人

工作场所
会议现场、办公室、家里

使用工具
笔记本、笔、录音笔等

工作内容
把一种语言转化成另一种语言

基本素质
具备较高的双语水平、良好的沟通能力，了解各国文化差异和礼仪

就业 翻译公司、外交部等涉及对外业务的企业和单位

怎么成为一名翻译？

系统地学习一门外语，通过外语的等级考试、笔译考试、口译考试等。

翻译这份职业有意思

简单来说，翻译这项工作就是负责让说不同语言的人听懂彼此的话。

随着全球化的发展，各个国家都少不了和其他国家打交道，如果交流有障碍，就会带来很多不必要的麻烦，这样一来，翻译这个职位就显得尤为重要。

你是不是觉得学习外语很困难？单词背不会，语法学不懂？其实学习语言的最佳时期是幼儿园时期，因此，当我们在学校里开始学习一门外语的时候，困难程度就可想而知了。

对于翻译来说，学习一门外语不仅要学会单词和语法，还要能够将这门语言运用得像母语一样流利，这不是通过普通的学习能达到的，必须通过长时间专业性、系统性地不断练习，付出努力才可以。

爆笑知识漫画

古代也有翻译

其实在中国历史上，唐朝中期就已经出现了翻译这种工作，这是为什么呢?

首先，唐朝中期经济实力十分强大，很多商人为了多赚一些钱，选择和外国人做生意，但是交流的时候往往“驴唇不对马嘴”，因此，便出现了翻译这项工作。

其次，因为一位名叫唐玄奘的僧人。你可能没听说过唐玄奘，但你一定听说过唐僧，没错，就是《西游记》里能制服孙悟空的僧人。

唐僧“西天取经”的目的地是天竺，也就是今天的印度。唐僧从印度带回来许多佛经，这些佛经是用梵文写的，普通人看不懂，必须由专门的人员负责翻译这些佛经。

笔译和口译的那些事儿

如果说翻译是一棵粗壮的大树，那么这棵树上就有两个分枝——笔译和口译。这两个分枝都是做什么的呢？让我们来详细地了解一下。

“笔译”，顾名思义，就是用笔来进行翻译，其代表性的工作是翻译书籍。我们看到的很多外国作者写的书都是由笔译人员翻译过来的。

笔译工作特别适合一些不喜欢和陌生人打交道的人来从事，因为笔译工作最大的特点就是自由，无论你身处何地、何时，只要你想，你就可以进行笔译工作，你可以打造一个属于自己的舒适的工作空间，在语言的海洋里遨游。

但是，这并不代表笔译工作就是轻松的，每次笔译开始之前，都要做大量的背景调查，一大堆专业名词看到头晕，医疗的、金融的、战争的，稀里糊涂、分不清楚可不行。一个好的笔译工作者，就像一本行走的百科全书，无论多高深莫测的知识，他都能翻译得准确无误。

口译这份工作，和笔译完全不同。口译是现场进行翻译，需要一刻不离地跟在讲话者身后，当讲话者开口讲话时，工作也就开始了。

口译工作者需要有很强的临场反应能力，口译的时候更要注重很多小细节。

因为每个国家的文化有差异，不同国家的人也会有一些独特的语言习惯，这就需要翻译工作者的知识储备够多、够全面，否则就可能闹出一些笑话。

总的来说，翻译是一项特别有趣的工作，能见识很多外国的特色文化，也能了解很多其他专业的有趣知识。想要成为翻译，就抓紧时间学习吧！

律师

依法帮助当事人进行诉讼、辩护，以及处理相关法律事务

工作场所
律所、法院等

使用工具
法典、卷宗、物证、录音笔等

工作内容
为当事人提供诉讼代理或者进行辩护

基本素质
具有辩论能力、协调能力，沟通能力和正义感

就业 律所、设立法务部门的单位和公司等

怎么成为律师？

想成为一名律师，通过律师职业资格考试并获得律师职业资格证是必备条件，下一步就是选择就业方向。律师按照工作性质，可分为专职律师和兼职律师；按照业务范围，可分为民事律师、刑事律师和行政律师；按照服务对象和工作身份，可分为社会律师、公司律师和公职律师。因此，你一定要认真地选择哦！

律师这份职业有意思

有那么一类人，哪里有争议、纠纷、官司，哪里就有他们，没错，他们就是律师。

接受了当事人的委托之后，他们就要为当事人提供诉讼代理或者进行辩护。

作为一名律师，公平、公正地服务社会是他们的职业操守。

律师为公众提供法律服务的内容包括很多方面，比如担任法律顾问、担任诉讼代理人、担任刑事辩护人、担任非诉讼代理、参与调解与仲裁以及解答法律咨询，等等。

律师最早起源于古罗马，当时古罗马是共和制，无论谁有诉求，都需要走法定程序。渐渐地，国家的人多了，矛盾多了，诉求也就多了。本来一个律师服务一个当事人，现在一个律师服务10个当事人，律师供不应求，律师行业也就逐渐兴盛起来了。

古时候，我们国家也有诉师或状师，他们也是巧舌如簧、舌灿莲花、谈吐不凡之人，他们为人们提供法律服务，只是普及率不高。直到民国时期，律师这一职业才逐渐得到社会的认可。

要知道，不是每个人都能当律师，也不是每个律师都能成为一名好律师。要想成为一名律师，首先必须要有律师职业资格证，无证上岗是违法行为！其次，想当一名好律师，还要通过评级。由低到高依次为初级、中级、副高级、高级。通俗地讲，级别越高，经验越丰富，知名度越高。

工作场所
办公室、拍卖活动现场

使用工具
拍卖品资料、拍卖槌

工作内容
策划和主持拍卖活动

基本素质
性格沉稳冷静，熟悉竞拍品，具备出色的活动策划能力、主持能力、现场气氛渲染能力、观察力等

就业 拍卖行

怎么成为拍卖师？

拍卖师要有一定的主持能力以及策划能力等。要想成为拍卖师，还需要考取拍卖师资格证。

拍卖师这份职业有意思

拍卖师具体来讲就是主持拍卖活动的人。那是不是说拍卖师就如同电视剧中身穿西装，手拿小锤，立于桌前，一边敲锤，一边吆喝“100万一次”“100万两次”那样的呢？

不是哦！我们所看到的只是拍卖师工作的一小部分，甚至可以说是整个拍卖流程的最后阶段，实际上拍卖师的工作远不止这些。

首先，拍卖师会参与拍品的搜集工作，并签订有关的合同，同时还会详细了解各类拍品的情况，做到心中有数，在主持竞价的时候能够全方位介绍拍品，以便于买方出价。

接着，拍卖师会参与招商，这是拍卖各环节当中比较复杂的一项工作！拍卖师通常会花费很多时间和精力去找寻对竞拍品感兴趣的买家。

因此，一个优秀的拍卖师对拍品都有着良好的把握能力。在进入拍卖会之前，他们就已经预测到哪些拍品会受到追捧，并能够大致算出每件拍品的最大价值，甚至清楚每件拍品的潜在买家是谁，并通过观察，洞悉场下潜在买家的心思。

拍卖师是每一场拍卖会备受瞩目的焦点，对拍卖师来说，每一场拍卖会都是一次没有剧本的即兴演出，没有重复的拍品，也没有重复的拍卖场景。

面对场上不可预知的突发情况，他们镇定自若。

面对各类价值连城的艺术珍宝，他们一锤定音。

手语翻译

得体而熟练地向听障人士传达完整正确的信息

工作场所

电视台、讲座等需要手语翻译的场所

使用工具

双手、嘴

工作内容

通过手语和唇语向听障人士传达信息

基本素质

具备扎实的手语基础，具有多元文化交际能力、应变能力、敏捷的反应能力和沟通能力

就业 电视台、手语翻译事务所等企业和单位

怎么成为手语翻译？

学习手语和唇语，打好扎实的手语基础，考取手语翻译员资格证书后，就能够成为一名手语翻译。

手语翻译这份职业有意思

在地球上存在着一部分听力有障碍的人，他们听不见大自然中美妙的声音，更听不见人们交流的内容，于是就有了手语。

手语不仅是听障人士交流的工具，也是我们打开听障群体“大门”的一把“钥匙”。它还是一门艺术，能够通过舞动的双手描绘出多姿多彩的画面。近些年来，听障群体逐渐被社会广泛关注，越来越多的人开始学习手语这门语言。

不同国家的语言是不同的，那不同国家的手语也是不同的吗？没错，世界各国的手语是有差别的，目前全球已知的手语种类超过100种。由此可见，各个国家的听障人士只能看懂自己国家的手语，当面对其他国家的手语时也可能和普通人一样犯迷糊哟！

我们都知道学习一门语言不容易，学好手语的难度和学好外语的难度不相上下。手语的讲究很多，想要学好手语，最基本的条件就是十根手指一定要灵活自如。

在手语中，不同的动作换个方向表达的意思就完全不一样，因此一定要记清楚，否则就会表达出错误的意思，造成误会。

你以为手语翻译者只需要手部动作灵活就可以了吗？当然不是。

给大家普及几个冷知识，那就是手语也包括表情和体态。很多时候不是手部动作做得正确，听障人士就可以理解，还要配合丰富的面部表情和体态动作。

冷知识一：光秃秃的手。听障人士由于丧失了听觉，在五感的其他方面就会比普通人敏感，比如视觉。

他们对于眼睛看到的东西十分挑剔，所以一般在正式的手语翻译场合，要求手语翻译员必须保证自己的手是光秃秃的，不能佩戴装饰品。在一些更正式的场合，对于翻译员的着装也有要求。

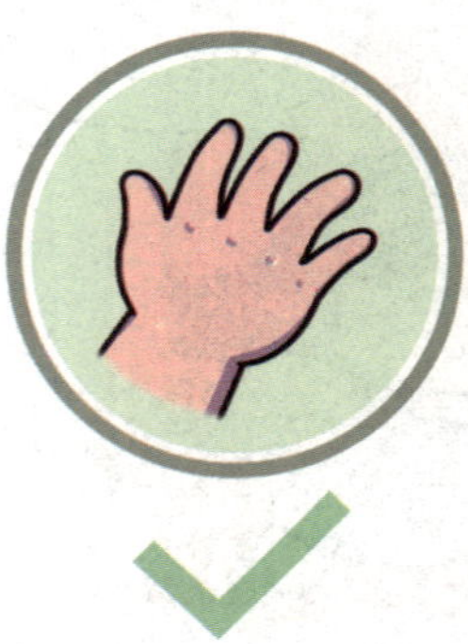

冷知识二：不轻不重的动作。有些人在打手语的时候好像在健身，用的力气特别大，每个手语都打得很重，到最后把自己累得气喘吁吁。

而有些人打手语的时候好像飘浮的棉花，力气小且柔，听障人士看一会儿就会打瞌睡了。

优秀的手语翻译员能够准确地拿捏好这个度，手指像舞蹈，给听障人士带来一场视觉盛宴。

冷知识三：丰富的面部表情。手语是一门精妙的语言，在手语中，表情也是非常重要的。符合语境的面部表情，传达信息时会产生更好的效果，因此手语翻译员在工作的时候，一定要注意自己的五官有没有配合自己的手。如果五官不配合，只有手在拼命翻译，手也会感到十分尴尬。

冷知识四：优美的芭蕾舞弧度。在手语翻译的时候，手部动作特别多，如果想把手语翻译做到完美，仅仅将手上的动作做对是远远不够的，还要考虑动作是否优美。很多手语翻译的初学者在打手语的时候双手显得僵硬，多次练习之后，双手的动作就会像芭蕾舞者的动作一样优美，让人赏心悦目。

手语是一门具有社会意义的语言，通过手语，更多的听障人士感受到了这个世界的丰富多彩。

手语翻译不仅仅是一项工作，手语翻译者还帮助很多善良的人们在慈善事业上做出了自己的贡献。

虽然手语学习起来有一点点复杂，但当你真正成为一名手语翻译的时候，内心的自豪将是无与伦比的。

工作场所

新闻发布会场、大使馆、领事馆等

使用工具

外交护照、全套正装、电脑、外交资料

工作内容

办理外交事务

基本素质

至少精通一门外语，具有抗压能力、敏捷的反应能力和优秀的表达能力

就业 大使馆、领事馆、外交部

怎么成为外交官？

首先，要有超强的学习能力，至少精通一门外语，尽可能多地学习其他国家、民族的语言和各种风俗习惯。其次，要有过硬的政治觉悟和思想素质以及清白的家世。再次，要有较高的学识。最后，要具备良好的口才与人际交往能力。具备这些条件，考取外交部的公务员后，就能成为一名外交官了。

外交官这份职业有意思

“外交官”是一个国家专门办理外交事务的人。

外交官分为两类：第一类是在国内处理外交事务的外交部官员，第二类是国家长期派往并驻扎在国外处理外交事务的官员。

被长期派往国外的外交人员有没有办公的地方呢？当然有，他们一般在大使馆或者领事馆办公。

大使馆是国家派往国外的外交人员工作的大本营，大使馆会建在被派往国家的首都，负责的是全国的事务。领事馆也是国家派往国外的外交人员工作的地方，不过领事馆只建立在被派往国家的重要城市，只负责小部分地区的事务。

成为外交官的要求非常多。首先，要有超强的学习能力，至少要精通一门外语；其次，还要有过硬的政治觉悟和广博的学识，以便遇到问题时大脑能够快速做出反应；最后，还要有很棒的口才和人际交往能力，面对各国记者、官员的提问和交谈时，能够给出合理的答复。

爆笑知识漫画

什么工作有意思

9 离不开我

绘时光 著绘

甘肃文化出版社

甘肃·兰州

图书在版编目（ＣＩＰ）数据

什么工作有意思. 9, 离不开我 / 绘时光著绘. --
兰州 : 甘肃文化出版社, 2024.5
（爆笑知识漫画）
ISBN 978-7-5490-2908-2

Ⅰ. ①什… Ⅱ. ①绘… Ⅲ. ①职业－儿童读物 Ⅳ.
①C913.2-49

中国国家版本馆CIP数据核字(2024)第028266号

目录

让负责清洁的区域保持干净、整洁、卫生

完成具有美感、艺术感的糕点裱花制作

完成色香味俱全的菜肴，让顾客吃得满意

为顾客打造满意的发型

零食店老板 18

有害生物防治员 26

保洁员

让负责清洁的区域保持干净、整洁、卫生

工作场所
负责清洁的区域

使用工具
扫把、拖布、抹布、清洁剂

工作内容
除尘、清扫地面等保洁工作

基本素质
细致、爱干净、吃苦耐劳、会使用清洁剂、熟悉工作流程

就业 保洁公司等

怎么成为保洁员？

细致、爱干净、吃苦耐劳、会使用清洁剂、熟悉工作流程，这些基本条件满足之后，经过培训可以成为一名合格的保洁员。

保洁员这份职业有意思

每个美丽城市的背后都有努力工作的人们，而保洁员就是其中之一。他们每天清扫卫生，为我们的生活带来清新的环境，无论是干干净净的街道、广场，还是其他干干净净的场所,都有保洁员的身影。

保洁员要有吃苦耐劳的精神，劳动时面对的环境不仅会脏乱差，而且劳动强度大，劳动过程很烦琐，劳动时注意力需要集中。

保洁员是一个很值得尊敬的职业！

什么工作有意思

保洁员也分初级、中级、高级，并且都需要持证上岗。持证上岗代表了保洁员的职业性，说明不是简单扫扫地、擦擦桌子就能成为保洁员。

除了除尘、清理垃圾以外，他们有时候还要进行物品养护、识别有害生物、做蜡面养护，等等，这些都需要专业知识。

裱花师

完成具有美感、艺术感的糕点裱花制作

工作场所

烘焙店裱花间

使用工具

模具、裱花嘴、打蛋器等

工作内容

制作糕点并裱花

基本素质

具有专业的裱花操作能力，工作细致认真，有一定的审美能力和艺术感

就业　烘焙店

怎么成为裱花师?

学习制作糕点和裱花工序，学成后参与烘焙店的应聘并通过。

裱花师这份职业有意思

裱花师就是烘焙店里负责蛋糕西点制作的人，他们既要制作美食，还要在美食上运用天马行空的想象力进行艺术设计。

裱花产品在烘焙店里占据着很重要的位置，一个出色的裱花师可以提升烘焙店的名气，因此裱花师要充分展示技术能力，在裱花间要熟练地操作，提升烘焙店的知名度和营业额。

裱花，你真的行吗

首先，得学会和有脾气的奶油打交道！

对于裱花师来说，工作的时候离不开奶油。

没有奶油就不能进行裱花设计，达不到客人的要求，丢了工作就惨喽！

获得奶油的第一步就是发奶油。你肯定会说：“这还不简单？用电动打蛋器放进去搅一搅不就大功告成了吗？”

如果这样做，奶油一定会生气地说：“你根本不了解我！”

你要是不想蛋糕上的奶油做不成花的形状，不想奶油像水一样流动，那你可得注意打发奶油的时间、打发奶油的力度、打发奶油的室内温度……总之，要用正确的方法制作奶油才能得到好吃的奶油。

其次，要有耐心。

裱花师每天除了发奶油，还要烤蛋糕坯。一直重复着把蛋糕坯装进烤箱、从烤箱把蛋糕坯拿出来的动作。

接下来就要在蛋糕坯上抹奶油、裱花。发挥想象力，用裱花袋装好奶油在蛋糕上画画。

在蛋糕上画画可不是那么简单的。没有一定的耐心，还真画不来，某一步画错了，就需要从头再来。画不同的花纹还要换不同的裱花嘴。

裱花师要一直学习新的裱花技术，学习不同的花纹裱法，这需要足够的耐心，每天都要学习，例如做不同的花、不同的叶子、不同的海浪形状……只有准确把握现在的流行趋势，才能吸引更多的顾客。

因此，裱花师的技术可不是一天两天就能全部学会的哦！需要凭借智慧的大脑和勤劳的双手，一步一步努力获得！裱花师的工作既快乐又辛苦，如果你是一个具有艺术创造力的美食家，那这个工作简直太适合你啦！

厨师

完成色香味俱全的菜肴，让顾客吃得满意

工作场所
厨房

使用工具
锅、铲子、各种食材、调味品等

工作内容
制作各种菜肴

基本素质
高超的厨艺，精通食品安全知识

就业 餐厅

怎么成为厨师?

想当厨师，要学习烹饪，并通过评级考试，才可以成为厨师哦！

厨师这份职业有意思

相信大家对厨师都再熟悉不过了，他们熟练的炒菜技巧、酷炫的颠勺技术和精巧的刀工都让我们赞叹不已。他们还会把菜品摆得很艺术，让人食欲大增。怎么样，听起来是不是超厉害？

厨师是一个非常有意思的职业，尤其是在中国。为什么如此说呢？在外国人眼里，要做出美味的食物要掌握好精确的分量，因此，外国的食谱基本上都精确到克。比如我们熟知的西方甜点。

而在中国做饭就要琢磨了。如果你当上了厨师学徒，你就会知道，当你问老厨师盐放多少的时候，他们会告诉你："少许。"放多少全凭你的意愿。哈哈哈，开个玩笑。

食无定位，烹无定法。厨师通过使用辣椒、花椒、葱、姜、蒜等调料烹调后，可以把小龙虾做成一道佳肴。每个厨师都能创造自己独特的味道。

在五千年的历史长河中，中国人研究出了各种做法，煎、炸、烹、炒、炖、蒸、烤，等等，各具特色，各种绝味也层出不穷。

古有诗人苏轼（也是美食家）研究出的东坡肉，名扬四海。

今有国宴菜品开水白菜，让人回味无穷，无人不说其鲜香美味。

理发师

为顾客打造满意的发型

工作场所
理发店

使用工具
剪刀、梳子、电动理发器等理发工具

工作内容
剪发、染发、烫发

基本素质
具备扎实的理发基本功、高水平的审美和造型能力

就业 理发店

怎么成为理发师？

在专业学校学习理发技巧，毕业后就可以尝试去应聘啦。

理发师这份职业有意思

其实汉代时就出现以理发为职业的工匠了；南北朝时期，理发业已经很发达了；宋朝时期，有了专门制造理发工具的作坊。

现在理发师能给我们设计各种各样好看的发型，不再像以前那样只是简单的剃头了，理发行业越来越专业，能为人们提供更多的选择。理发师拿着理发器“嗡嗡”一推，再用小剪刀“咔嚓”一剪，漂亮的发型就完成了。

理发师小妙招

首先，成为理发师的第一步就是要学会使用各种理发工具，除了各种型号的剪刀，吹风机、卷发棒、理发器等工具，你都要会熟练使用。

其次，你要掌握各种流派的剪法。比如分区流、分层流、一刀流、挑剪流……不仅如此，你还要按照头部轮廓来剪，不然容易出现棱角，破坏发型。

除了这些，还要学会染发和烫发，练习到一定程度你就能练就一双慧眼，一眼就能看出来最适合客户的发型。

最后，就是提供优质的服务。只有这样，你才能打败那些靠办卡才能拉拢客户的同行，走向理发师行业的顶峰！

在理发店，你要尊重客人的选择，经过客户允许后，按照客户的不同需求来洗发、剪发、吹发、烫染。理发师这个职业可不容易，大师级别的理发师都有高水平的审美。

零食店老板

满足顾客对零食的需求，实现店铺收益

工作场所

零食店

使用工具

计算器、扫码器等

工作内容

员工管理、资金管理、安全卫生工作、未来规划

基本素质

为人和蔼可亲，吃苦耐劳，有一定经商头脑，具备出色的管理能力、规划能力

就业 自己开个零食店

怎么成为零食店老板？

有一定的经商头脑和足够的资金，确定店铺的经营品种，选择一个交通便利、人流量大的地方开店，办理相关经营手续，你就有一家属于自己的零食店了。

零食店老板这份职业有意思

如今生活水平的提高让人们尝到了更多的美食，民间的、宫廷的，应有尽有。零食店的诞生再一次印证了人们对美食的热爱是永恒不变的！

零食店已经成为当代人非常喜欢光顾的店面之一。零食的特点在于休闲和方便，吃零食可以舒缓人们的精神压力，调节心情。

零食店的零食种类更是异常丰富，硬的、软的、甜的、辣的，中国的、外国的，烤鱼片、鱿鱼丝、地瓜干、葡萄干、炒瓜子、巧克力、怪味豆、海苔片、热狗、汉堡包、辣条……哎呀，可不能再说了，先擦擦口水。

家里开零食店是什么体验，零食店老板告诉你！

我是一名资深的零食爱好者，拥有一份所有零食爱好者眼中极其羡慕的工作——零食店老板。

我想美味的零食一定非常受人欢迎。于是发现商机的我，结合自己的喜好，开了一家名为“零食小屋”的零食店，专门服务各路零食爱好者。

我的店面虽小，但零食多种多样，囊括各国、各省美食；种类也相当丰富，无论是果脯、薯片、杏仁，还是凤爪、鸡腿、肉脯，我的小店都有！

但是，满足味蕾的同时，零食店的工作也总让我头疼。

第一项，管理工作。

一家火爆的零食店，离不开好员工。

好员工往往会给零食店带来好的收益。好的零食店员工会对零食产品每天的销售情况进行统计，及时发现客户的需要、喜欢的口味，做好客户的维护工作，让零食店的客户不断增加。

第二项，资金问题。

开办零食店的前提是要有足够的资金，能够全方位运转好整所店铺，为客户提供更多种类的美食。

第三项，安全卫生工作。

零食店的安全卫生工作可是我管理工作的重点，每天我都会安排员工打扫卫生，清理过期食品，为我的客户提供最优质的服务。

第四项，未来规划。

零食店的发展一定要满足消费者的需求，这样才能留住客户，让零食店在市场竞争中长久生存。身为一名聪明的店长，我时常带领我的员工进行网络直播，利用互联网技术让更多的人了解各地的美食。

古时候也有零食店老板

中华美食源远流长，无论是市井小吃，还是宫廷小食，其丰富程度都令人叹为观止。在古代，许多手艺人专门从事制作零食的工作，他们不仅掌握了各种传统美食的制作技巧，对原材料的选用和处理也有着极高的要求。从南方小吃的卤味、米粉、糕点到北方的糖葫芦、麻花、豆汁……每一种零食都有其独特的风味，深受人们的喜爱。

古代就有零食店老板这个职业，古代的零食品种不像现在这样花样繁多，多以汤羹、糕点、蜜饯为主。苏轼就曾用“小饼如嚼月，中有酥和饴”这句诗夸赞过月饼的香甜和酥松。要说比较有名、流传到现在的糕点店，就不得不提“稻香村”了。据说“稻香村”始于清光绪二十一年（1895年），至今已有100多年的历史。稻香村的前身是金陵人郭玉生在北京前门观音寺初创的北京稻香村南货食品店，店铺产品的种类多样，包括月饼、元宵、粽子、点心等。现在稻香村的“京八件”仍然闻名遐迩，是到店必尝的糕点。

除了糕点，古代还有一些市井小吃，如冰糖葫芦、蜜饯（果脯）、茯苓饼等，都是大家耳熟能详的食物。

此外，中华美食还有许多地方特色小吃，在不同的地区都有其独特的味道和制作方法。例如，四川的麻辣小吃，以其香辣味美闻名于世，其中最有代表性的当属麻辣卤味、火锅等；江苏扬州的糖画，用糖浆在冰块上绘制出各种形状，既可食用，又可欣赏；山东的葱油饼、陕西的肉夹馍，深受人们的喜爱。这些小吃制作非常考究，都需要手艺人掌握独特的制作技巧和方法！能流传至今的那些零食，都是历代手艺人不断地尝试、改良和创新的结果。如今这些传统零食依旧广受欢迎。

有害生物防治员

安全彻底地消灭有害生物

工作场所

需要进行有害生物防治的各个地方

使用工具

农药、喷雾器、粘蟑板、粘鼠板、捕鼠笼、捕蝇笼

工作内容

预防和控制危害人类健康、影响人类生活、造成经济损失的有害生物

基本素质

具备有害生物防治的相关知识，熟练使用各种工具

就业 从事有害生物防治的公司

怎么成为有害生物防治员？

具备有害生物防治知识，会使用各种工具，还要考取有害生物防治员资格证。

有害生物防治员这份职业有意思

有害生物防治员是从事危害人类健康、影响人类生活、造成经济损失的有害生物的预防和控制工作的人员。

虽然有害生物小小的，他们却能造成难以想象的危害。蚊子夏天吸食血液，让人又痛又痒；蟑螂、苍蝇污染食物，传播各种疾病，危害人们的健康；蝗虫啃食植被粮食，农民一年的辛劳付之东流；老鼠经常偷吃粮食、损坏衣物、咬断电线，某工厂的高压配电柜，因为老鼠的活动而短路，爆炸起火，造成经济损失30多万元……有害生物引发的损失非常大，对人类造成极大的威胁。

有害生物防治员是一个非常专业的职业，他们需要通过勤奋学习专业知识，积累丰富的工作经验，才能一步步通过国家考核，取得有害生物防治员初级、中级、高级证书。我国地域辽阔，有害生物种类繁多，不同地区的有害生物也有不同的特点，这些都需要有害生物防治员在实战中总结经验，才能更好地防治各种有害生物。

有害生物防治员的必备“武器”有农药、喷雾器、粘蟑板、粘鼠板、捕鼠笼、捕蝇笼等。看这些必备“武器”，你是不是了解了有害生物防治员是干什么的?

有害生物防治员的“敌人”有老鼠、蟑螂、苍蝇、蚊子、白蚁、蚂蚁等有害生物。是不是你害怕什么，有害生物防治员的“敌人”就是什么？

有害生物防治员跟普通人有什么不一样的地方呢？

普通人眼里的虫子分为“吓人的”和“可爱的”。

而在有害生物防治员眼中，虫子分为双翅目、膜翅目、鞘翅目、半翅目、直翅目……

普通人眼里的虫子分为“有嘴的”和“没嘴的”。

而在有害生物防治员眼中，虫子是没有“嘴”的，只有“口器”：咀嚼式的、刺舐式的、嚼吸式的、刺吸式的、舐吸式的、刮吸式的……

普通人眼里的虫子分为“会飞的”和“不会飞的”。

而在有害生物防治员眼中，虫子连翅膀都是那么别致，膜翅、毛翅、鳞翅、半覆翅、覆翅、棒翅……许多有害生物防治员在向家人或者朋友介绍自己的时候，对方都会抢先说：“哦，我知道了，你就是杀虫的。”

有害生物防治员和普通人关于虫害防治有什么区别呢？

普通人防治虫害，常常是在超市买点儿杀虫药，放在有害生物经常出没的地方，或用喷雾器装上药水喷喷喷……

有害生物防治员防治虫害，考虑的是怎么科学用药？怎么使用环保安全、高效的控虫方法？马上要下雨了，喷洒杀虫剂会白费功夫吗？多少级风力下施工才可以？一旦发现害虫，他们能够立刻判断虫种并且从几十种方案中迅速敲定最佳防治方案。

爆笑知识漫画

什么工作有意思

10 意想不到

绘时光 著绘

甘肃文化出版社

甘肃·兰州

图书在版编目（CIP）数据

什么工作有意思. 10, 意想不到 / 绘时光著绘. --
兰州 : 甘肃文化出版社, 2024.5
（爆笑知识漫画）
ISBN 978-7-5490-2908-2

Ⅰ. ①什… Ⅱ. ①绘… Ⅲ. ①职业－儿童读物 Ⅳ.
①C913.2-49

中国国家版本馆CIP数据核字(2024)第028407号

目录

将负责的每一个
大型宠物照顾好

准确给出所试吃
食品的改进方案

保护好旅客，让旅客成
功地观赏到极光

通过实地调查、体验，
获取客观、真实的当地
文化、习俗等第一手研
究资料的人类学者。

通过自己的专业知
识和技能，收集、分
析信息，获得准确
的结果并完成调查

完成有创意的、真实的
微缩摄影

利用好衣柜的有限空间，
收纳整理好每一个衣柜

保护当事人的知识产权

大型宠物饲养员

将负责的每一个大型宠物照顾好

工作场所
宠物店、室外

使用工具
水盆、食盆、牵引绳等

工作内容
照顾大型宠物，为大型宠物准备富有营养的、合适的餐食，给大型宠物洗澡等

基本素质
有爱心、有耐心

就业 宠物店

怎么成为大型宠物饲养员？

考入高校的动物管理相关专业，学习相关知识，毕业积累一定的饲养经验，就有机会成为大型宠物饲养员哦。

大型宠物饲养员这份职业有意思

因为大型宠物要比小型宠物难饲养，普通的饲养员难以胜任，所以才出现了大型宠物饲养员。

有不同品种的大型宠物，自然就会有不同类型的饲养员。如果饲养对象是狗狗，工作难度比较低，工资也会相对低一些。如果面对的是难搞的大型蜥蜴、吵闹的金刚鹦鹉、猜不透心思的羊驼，那工作难度就不好说了。

你以为的大型宠物饲养员是这样的：每天在和煦的阳光下，穿着休闲运动服，走在宽敞的街道上，手里牵着几只可爱的狗狗开启美好的一天。

现实生活中的大型宠物饲养员可能是这样的：每天在夹杂着各种宠物的狂野叫声中，穿着简洁的工作服，大汗淋漓，吃力地照料这些宠物。

许多想要养宠物的人都选择了小型宠物，这是为什么呢？因为大型宠物的饲养难度简直让人望而却步。大型宠物究竟有多难饲养呢？

大型宠物一般都是名副其实的吃货，它们对吃可是很挑剔的。所以饲养员的厨艺必须要好。大型宠物的心思可不好揣摩，它们可能会因为你把它们最喜欢的牛排放到了盘子的左边而拒绝你准备的午餐。

洗澡也是一个大难题。因为大型宠物一般体形庞大，所以想要抱起它们可不是一件简单的事。假如你抱起了它，那么恭喜你，不过马上你就会迎来另一个难题，那就是如何找到一个能够放得下它的容器。你可能需要根据它们的体形来量身定做一个容器。

大型宠物饲养员是一个对专业技能要求极高的职业。饲养员得具备动物学、营养学以及兽医方面的知识。同时，这个职业要求从业人员要有爱心和耐心。宠物们都是有感情的，你用心对待它们，它们自然也会用心对待你。

大型宠物饲养员这个职业具有一定的危险性。有些大型宠物有尖利的牙齿，饲养员有被攻击的风险。

试吃员

准确给出所试吃食品的改进方案

工作场所

餐厅

使用工具

餐具、纸、笔

工作内容

试吃餐厅推出的新品，试吃后需要说明这个食品怎么样、有什么需要改进的地方

基本素质

嗅觉、味觉灵敏，有丰富的美食知识，工作认真负责，文笔优美，有出色的表达能力

就业 餐厅、食品公司等

怎么成为试吃员？

掌握一定的美食知识，嗅觉、味觉灵敏，喜爱试吃员这一职业，可以参加需要试吃员的餐厅或公司的招聘。

试吃员这份职业有意思

什么是试吃员？

试吃员是指试吃食品的职业，试吃员在试吃食品后需要说明这个食品怎么样、有什么需要改进的地方。

具体来说，就是有的餐厅经常会推出新品，而在推出之前，需要先了解这个产品是否符合大众的口味，于是就需要试吃员啦，因此，试吃员需要十分灵敏的嗅觉和味觉。

试吃员有嘴就行吗？

想做试吃员，你真的合格吗？看看试吃员都需要满足什么条件吧。

你要拥有丰富的美食知识，你要能说出新菜品好在哪、有哪些不足和需要改进的地方。

你的文笔要足够优美，能让大众看了你的介绍就知道这个东西有多好吃。

你的胃容量一定要大。

你的工作态度要很认真。

你的嗅觉、味觉要十分灵敏。

试吃员每天面对各色美味佳肴，试吃，品鉴，让很多人羡慕。

但试吃员也有人所不知的难言之苦：

首先，要求有很多，吃什么？怎么吃？先吃什么？后吃什么？这些完全都要按照要求来。

其次，吃的东西会很多，胃不一定受得了。

最后，可能会有些无聊，虽然对于一些美食爱好者来说，吃东西是件美事，但老话说得好，美味不可多得，美食吃多了就可能不美味了。而且，凡事当它作为一种爱好存在时，往往让人愉悦，但是当它变成一种工作以后，可能感觉就变了。爱好可能就变成了压力，愉悦可能就变成了负担。试吃员的工作只是吃，刚开始可能还觉得不错，时间久了也可能会厌倦。

极光守护者

保护好旅客，让旅客成功地观赏到极光

工作场所
有极光的区域

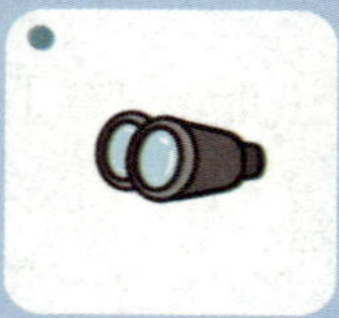

使用工具
抗寒装备、望远镜等

工作内容
让旅客在相对安全的情况下找到最佳的极光观察位置和时间

基本素质
熟悉所在区域地形，具备过人的体力和耐寒能力、敏锐的观察力

就业 有极光地区的酒店

怎么成为极光守护者？

需要对当地地形十分熟悉，掌握极光相关知识，具备敏锐的观察力、过人的体力，不怕冷，热爱极光守护者这份工作。

极光守护者这份职业有意思

位于北欧芬兰的拉普兰村庄从每年9月到来年3月都处于极夜状态，可以看到极光。但极光常常“行踪诡秘”，不了解它的旅客只怕很难一睹“芳容”，况且旅客在漆黑寒冷的陌生环境中有一定的危险性，所以，就出现了极光守护者这份职业。

极光守护者的工作任务之一是让旅客在相对安全的情况下找到最佳的极光观察位置和时间。极光守护者也会实时监测天空情况，一发现有极光出现，就立即提醒旅客观赏。

极光守护者的上岗要求

怎样才能成为一名合格的极光守护者呢？让我们看看极光守护者都要具备哪些能力。

极光守护者必须拥有“人脑地图持续导航”功能。

观察极光的地方一般到处积雪、无标志性物体，旅客如果没有人指引，很容易因不熟悉地形环境而白白错过观赏极光的最佳时间和位置，在旅程中往往会身心俱疲又一无所获。

因此，为了指引旅客能找到最佳的观察地点观察极光，就要求极光守护者必须对当地的地形烂熟于心。

敏锐的观察力也是极光守护者必备的能力之一。

在无尽的黑夜里拥有良好的视力，可以有效规避危险；遇到凶猛的动物，能及时做出反应，可避免旅客受到伤害。同时，极光守护者也能及时对独自出行且不熟悉地形的被困者施救。

想要保护他人，只有好的眼力还不够，强壮的身体也是很重要的。

在极夜状态下，长达几个月都见不到阳光，温度较低，极光守护者要受得了冷。在遇到危险情况时，极光守护者要能够及时脱险，因此需要有强壮的身体。

田野工作者

通过实地调查、体验，获取客观、真实的当地文化、习俗等第一手研究资料的人类学者。

工作场所

有人类居住或活动的区域，特别是农村和少数民族聚居地等

使用工具

笔和本等记录工具

工作内容

深入某一区域，通过多种方法，获取当地第一手研究资料，进而探索新的学术领域

基本素质

精通人类学知识，具备良好的沟通能力、分析能力，以及吃苦耐劳的精神

就业 学校、自媒体、文化传媒公司

怎么成为田野工作者？

精通人类学、历史学、民族学等学科知识，能够客观看待事物，具备敏锐的观察力、良好的沟通能力、分析能力，能够理解不同地域的文化差异，对田野工作充满热情。

田野工作者这份职业有意思

田野工作者的真正含义可不像字面上理解的那么简单哦！首先，要清楚田野工作到底指的是什么。所谓田野工作，是指一批经过专门训练的人类学者，亲自进入某一区域，通过多种方法，比如，观察、访谈，甚至居住在当地，获取第一手研究资料，进而探索新的学术领域。

这些资料会帮助工作者更好地了解此地特有的文化、习俗、衣食住行等。

因为这些工作者多要到农村或者极具地方特色的地区去工作，所以被称为“田野工作者”。

田野工作者具体都要做哪些工作呢?所有参与“田野工作”的这些学者，并不是简简单单地收集材料及信息，而是用心地去观察工作对象的日常生活，记录那些流传下来的故事。

田野工作者往往需要学习当地的语言，并在当地居住一段时间，观察当地民众的言行举止和各种习惯。

积累第一手珍贵资料，帮助世界了解这些宝贵的人类文明。

田野工作者是实践型人才，通过亲身体验，可以更深入地了解当地的文化，进而探索新的学术领域。

收集材料是田野工作者最基本的工作，包括绘制图纸，了解当地的人口数据、家庭财产的统计数据，等等，他们需要保持一种客观的态度，了解和记录所在区域的文化、习俗、衣食住行等。

网络调查员

通过自己的专业知识和技能，收集、分析信息，获得准确的结果并完成调查

工作场所
办公室、家

使用工具
电脑、网络

工作内容
发放问卷，进行抽样调查、数据分析，制作报表

基本素质
具备敏锐的洞察力、较强的数据和逻辑分析能力、丰富的知识储备、优秀的沟通能力，同时熟知相关法律知识

就业 市场调研公司、市场咨询公司、某企业或单位的市场部等

怎么成为网络调查员?

报考数学、统计学或环境工程等相关专业院校，获得本科及以上学历，熟悉各类数据分析方法，有撰写报告的能力和较强的逻辑分析能力。

网络调查员这份职业有意思

网络调查员的要求

具有敏锐的洞察力，能抓住调查重点，破解难点，目标明确，直到完成任务。

知识储备要充足，学习相关专业并获得本科及以上学历；熟练地使用计算机进行数据收集和数据处理；通过整理数据，获得准确结果。

具有良好的沟通能力。要和供应商及时沟通，建立专属资源库。线上沟通，要注意语言表达，让对方能完全明白你的意思。

具有健康的体魄。无论在电脑前久坐，还是家访收集资料，都需要行动力，才能及时地完成调查工作。

熟知相关法律知识，了解《中华人民共和国网络安全法》等法律条文，必须遵纪守法。

网络调查员的世界

网络调查员的工作内容包括发放问卷、抽样调查、数据分析、制作报表。

调查的内容多种多样：服装、餐饮、酒店、饭馆，了解当地消费习惯、消费能力，及时地将调查结果报告给公司。

网络调查员眼中的世界是数据构成的。如箱包品牌、眼镜类别、男女比例、楼盘销售情况等，都与数据紧密相连，详细的数据又与生活息息相关。

微缩摄影员

完成有创意的、真实的微缩摄影

工作场所

摄影棚

使用工具

照相机、摄影灯具、各种小物品

工作内容

用各种小物品构造出迷你世界，摄影，利用软件调整照片

基本素质

出色的摄影能力和构造微缩场景的能力，能熟练使用各种图片加工软件

就业　微缩摄影工作室等

怎么成为微缩摄影员?

要有创意，会用小物品构造出迷你世界，有很强的摄影能力，还需要会使用软件调整图片哦！

微缩摄影员这份职业有意思

关于摄影大家都不陌生，但你听说过微缩摄影吗？微缩摄影是一种正在兴起的独特的摄影方法，摄影师利用自制的微型场景，拍下有趣的小故事画面，或者拍摄一些微缩风光照片。进行微缩摄影的工作人员就叫作微缩摄影员。

摄影师

微缩摄影员

大家对摄影师的印象是什么样的呢？是那些跑遍天南地北、阅尽无数风景、背着单反走天下的吗？

还是在闪光灯与模特的碰撞下抓住瞬间？

也许在有的人看来，摄影是一件非常简单的事情，只需要按下快门就可以定格瞬间，但实际上摄影是一件需要思考的事情，需要体力与脑力结合。

微缩摄影员大部分的作品都是在摄影棚中完成的，这个摄影棚不需要豪华，一块背景布、几盏常亮的柔光灯便能拍出干净的背景，以便进行后期处理。微缩摄影作品充满脑洞，微缩摄影员会利用各种各样的小物品，拼出一个个神奇的迷你世界，再拍摄下来。

拍好照片只是第一步，为了让照片呈现出魔幻的氛围，微缩摄影员还要对照片进行后期加工处理。微缩摄影员娴熟地利用软件，为照片叠加各种各样的元素，添加光线，拼接背景，改变色彩。

慢慢地，一个充满趣味的迷你世界就诞生了。

虽然做创意微缩摄影真的很辛苦，但是整个过程感受到的是幸福和快乐。微缩模型虽然很小很小，但是“麻雀虽小，五脏俱全”，微缩摄影员将自己的所见、所思都完美地表达出来，为观众营造出一个个妙趣横生、光怪陆离、五彩斑斓的迷你王国。

衣柜整理师

利用好衣柜的有限空间，收纳整理好每一个衣柜

工作场所

顾客家里

使用工具

量尺、收纳工具等

工作内容

对顾客衣柜里的衣物进行分类、整理，使衣柜干净、整洁，帮助顾客挑选、搭配衣物

基本素质

掌握收纳技巧，工作细致，有耐心，沟通和学习能力强

就业 家政公司

怎么成为衣柜整理师?

懂得收纳、搭配技巧，沟通能力强、学习能力强。

衣柜整理师这份职业有意思

衣服堆成山是一种什么样的感觉呢？是找一件自己想穿的衣服超级困难的感觉；是换季整理衣服的时候不知道从哪里下手的感觉；是衣柜明明很大却总是装不下所有衣服的感觉。

这时候，你只需要一名衣柜整理师，这些烦恼就统统都没啦！

衣柜整理师要会的可不是简简单单叠衣服而已。有时候，他们是木匠，会把你的大衣柜从这个样子变成那个样子。

有时候，他们是服装搭配师，会把你的衣服搭配成独具风格、紧跟潮流的时尚穿搭。

有时候，他们是画家，会按照色彩收纳你的衣物，当你打开衣柜门的时候，就会看到一幅美丽的色彩画。

如果你想给自己的衣柜找一个整理师，需要提前了解不同整理师的风格 每一个衣柜整理师都有自己擅长的风格。

衣柜整理师的收纳奥秘

当我们正在满意地看着自己收拾好的衣柜时，衣柜整理师会一下指出最大的问题所在，那就是无论我们收拾得多整齐，过几天又会变成一片狼藉。而衣柜整理师就会拍着胸脯告诉我们，他们整理的衣柜“绝对不会”这样。

衣柜整理师的工作秘诀是什么呢？我们来一探究竟吧！

首先，衣柜整理师要把所有衣服都拿出来，把衣柜清空，这就需要整理师有力气，因为整理师要整理的衣柜里的衣服一定不会少，尤其是女生的衣柜，更是堆满了衣服，这些衣服加在一起一定很重很沉。

其次，衣柜整理师要对衣物进行分类。在分类的过程中，衣柜整理师还会运用自己独特的时尚感来帮助客人搭配衣物，将这些搭配好的衣物放在一起，便于客人整套拿出。

同时还要帮助主人“断舍离”，把好久都不穿但又觉得扔掉可惜的衣服挑出来，果断丢进回收箱，这样衣柜的压力就会减轻不少。

接下来，衣柜整理师就要大显身手了，他们会根据分类情况，为你私人定制一套合适的衣柜整理方案，这样就不会出现长衣服放不下、短衣服占地方的情况了。

普通人与衣柜整理师的差距在于叠衣服的手法。

在收纳行业，哪怕是很小的物体也有自己独有的收纳方法，比如卫衣和毛衣就不能用同一种叠法。

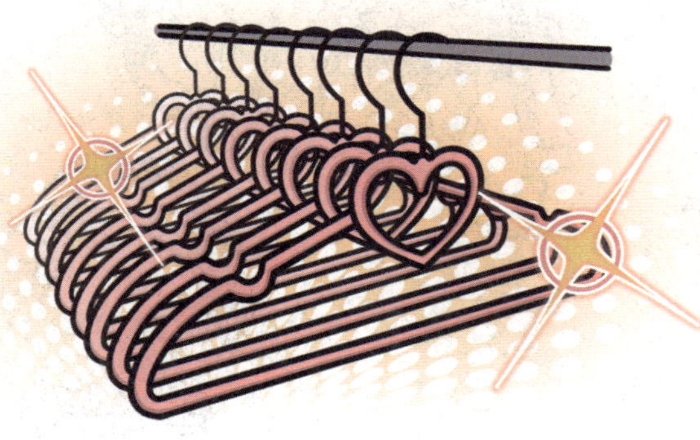

就连挂衣服的衣架，也是各有各的用法。

当然，这些对于衣柜整理师来说就是小菜一碟，他们三下五除二，团成一团的衣服就整整齐齐摆放在衣柜里了。

最后，衣柜整理师收纳的最高境界是玩转色彩美学。在不影响实用性的前提下，衣物陈列要给人整齐美观的感觉。

红色系、蓝色系、米色系的衣服，分别与哪个色系的衣服相邻都是有讲究的，要赏心悦目，更要体现出专业整理师的高超水平。所以要想做衣柜整理师，还必须学习收纳美学。

知识产权保护人员

保护当事人的知识产权

工作场所
办公室

使用工具
电脑

工作内容
保护创造性智力劳动取得的成果，如专利、商标、著作权、配方等

基本素质
精通法律知识，具备较强的抗压能力，以及社会责任心和正义感

就业 律师事务所、专利事务所、商标事务所等

怎么成为知识产权保护人员？

需要精通法律知识，尤其是专利、商标、著作权等方面的法律知识，还要有一定的抗压能力。

知识产权保护人员这份职业有意思

世界知识产权日

知识产权保护这项工作是非常重要的，世界知识产权组织将每年的4月26日定为世界知识产权日。

知识产权保护人员需要保护的是创造性智力劳动取得的成果，包括专利、商标、著作权、配方，等等。比如，祖传的炸酱面配方，也在知识产权保护人员的保护范围内。

再比如，产品的样式涉及一个概念——外观设计专利。其实一款产品可能应用了成百上千项专利技术，其中我们感受最深、最直接的就是外观专利设计。

如果没有知识产权保护人员对产品专利的保护，那么任何一个产品制造商都可以随意复制别人设计的产品。

某电视剧在某个电视台播出，这是发行权；在某视频网站播出，就是信息网络传播权。正是由于知识产权保护人员对发行权和信息网络传播权的保护，我们才能看到丰富多彩的电视节目。

我们日常生活中随时随地都可以见到商标，它最主要的作用就是区分商品。简单地说，一个产品对应一个商标。保护商标也在知识产权保护人员的工作范畴内，如果谁随便使用了别人的商标，知识产权保护人员就会登门讨回公道。